苏勇　于保平　邓少军　著

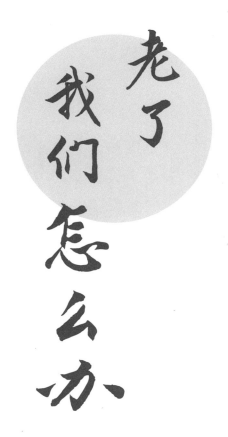
老了我们怎么办

中国养老实践的九如模式

复旦大学出版社

序一：养老问题是"国之大者"

吴玉韶

习近平总书记在庆祝中国共产党成立100周年大会上的重要讲话中强调："江山就是人民、人民就是江山，打江山、守江山，守的是人民的心。""必须团结带领中国人民不断为美好生活而奋斗。"他在广西考察时深情地对群众说："让人民生活幸福是'国之大者'。"这些真挚话语深刻彰显了中国共产党一脉相承的人民立场、一如既往的赤子情怀、一以贯之的价值追求。

养老问题是重大民生问题，也是重大经济社会问题，与人民生活幸福息息相关，是广大群众普遍关心的热点问题和难点问题，对于维系家庭幸福、促进社会和谐及实现国家长治久安具有重要意义，是事关国家发展全局、亿万百姓福祉的"国之大者"。

党和国家历来高度重视养老问题，特别是党的十八大、十九大和十九届三中、四中、五中全会以及"十四五"规划纲要对应对人口老龄化、加快建设社会养老服务体系、发展养老服务产业等都提出明确要求，党的十九届五中全会更是把积极应对人口老龄化上升为国家战略。习近平总书记就养老问题作出了许多重要指示批示，他指出："我国老年群体数量庞大，老年人用品和服务需求巨大，老龄服务事业和产业发展空间十分广阔。要积极发展养老服务业，推进养老服务业制度、标准、设施、人才队伍建设，构建居家为基础、社区为依托、机构为补充、医养相结合的养老服务体系，更好满足老年人养老服务需求。""十四五"期间我国将进入中度老龄化时期,随着积极应对人口老龄化国家战略的实施,我国养老事业和产业也将迎来重大发展机遇期。

九如城集团是全国养老领域的知名企业,是国家"城企联动普惠养老专项行动"的首批签约单位,谈义良董事长也是一位具有家国情怀的企业家。九如城历经多年探索,创立了以"四级服务体系""六位功能一体"和"两全模式"等为特色的体系化养老模式,为中国家庭提供了普惠性养老解决方案,是一个非常值得研究的典型案例。复旦大学苏勇教授领衔的研究团队在准确把握中国养老实践问题和深刻领会国家政策精神的基础上,围绕九如城案例开展深入调查研究,系统地总结了九如模式的特色与经验,提出"高度重视夹心阶层的普惠性养老需求""大力推广体系化养老模式"和"构建社会整体有机循环的养老生态系统"等政策建议,对于中国养老事业发展很有参考价值。

习近平总书记指出:"保障和改善民生必须立足我国是世界最大发展中国家、仍处于并将长期处于社会主义初级阶段的基本国情。"养老问题既是老问题又是新问题,既是世界性大问题,也是中国的大问题。自从法国于1864年成为世界上第一个进入人口老龄化的国家,至今已有近百个国家或地区进入人口老龄化国家,发达国家都是人口老龄化国家。解决养老问题与一个国家的历史文化、综合国力、发展阶段、政治体制等基本国情密切相关,是一个复杂庞大的系统工程。我们既要学习发达国家发展养老事业和产业的成功经验,更要立足我国基本国情,解放思想,实事求是,改革创新,特别要充分发挥我国的政治体制、传统文化、家庭养老、基层组织等独特优势,探索走出一条中国特色积极应对人口老龄化、发展养老事业的道路,解决中国应对人口老龄化和养老问题。另一方面,中国是世界上老年人口最多、人口老龄化速度最快、应对人口老龄化任务最重的国家，中国必须也能够为世界应对人口老龄化和解决养老问题提供中国智慧、中国方案和中国模式。希望有更多的像九如城集团这样的企业，立足中国不同地区的实际，探索符合本地区实际的养老模式，为满足亿万老年人多样化、高品质的养老服务需求作出积极贡献！

（本文作者为全国老龄办党组成员、中国老龄协会副会长）

序二：守护长者生命的意义

陈春花

第七次全国人口普查数据显示，我国60岁及以上人口已达2.64亿人，占总人口的18.7%，人口老龄化程度进一步加深。据民政部预测，"十四五"期间，全国老年人口将突破3亿人，我国将从轻度老龄化迈入中度老龄化。

人口老龄化是社会经济发展的必然趋势，也是一个世界性的现象。对于中国而言，人口老龄化在今后很长一段时期会是基本国情，"健康中国"也会随之上升到国家战略。

与此同时，社会上已经出现了一些极端的案例，如陕西"埋母案"。更为普遍的是众多的空巢老人，他们无法保障生活质量。当前的严峻局面，令人不得不思考：如何养老才是合适的？更进一步来讲，在特定的资源约束和社会背景下，要怎样为养老做准备和利用资源来提高自身的养老体验呢？诚然，这是一种以利己主义为出发点的思考，但融合了利他主义之后，需要思考的问题也并没有发生本质变化，只是将代际之间的利益配置作为了新的考量标准。最终我们需要思考的，仍然是应该如何科学合理地安排老年生活，才能够充分满足自身（以及他人）的生理、心理需求，让老年生活更加舒适自如。

现在你阅读到的这本《老了，我们怎么办？》就是面对上述现象，回答上述问题的范本。我相信本书所说的模式不是唯一的解决方案,但它确实提供了一个已经深耕12年,在10多个省份,60余个城市开设康复医院,连锁运营养老机构200余家,社区中心800余家,服务120多万老人并受到消费者喜爱的范本。这个范本就是中国养老实践的九如城模式。

《诗经·小雅·天保》云:"如山如阜,如冈如陵,如川之方至……如月之恒,如日之升。如南山之寿……如松柏之茂",是表达祝福之意。"九如"二字便源于此。

九如城就如它的名字所承载的意义那样,关注的是人的幸福。创始人谈义良认为,提高老人的生活质量、让老人获得幸福感才是养老事业的根本。所以,在九如城,"养老"一词被"服务老人"所替代。九如城根据中国人的实际生活状态,在中国独特的文化和背景下设计与实施解决方案。

根据本书的介绍,九如模式的核心是体系养老:它致力于打造梦想之城,在我国落地乌托邦式的康养模式;它致力于打造幸福之城,让更多老人享受幸福的老年生活;它致力于打造孝爱之城,让孝道文化在老人、员工和家属之间传播,甚至整合社会的文明。九如城创立了一个四级体系。首先是养老综合体,它作为资源支持中心,可以提供业务、培训、教育、考核、对外关系等各类资源,相当于战略布局的大后方。综合体下面是城市养老院和乡村养老院,再延伸到社区服务中心,最终到居家养老服务。这四级整体上构成了一张足够密集有序的网,能够将区域的养老问题网罗其中。形成了一个系统之后,九如城就可以充分发挥养老资源集中和流通顺畅的优势,养老问题都能在里面解决。

我对义良和九如城团队最深的印象,是他们对生命的关爱、对生命意义的呵护。在2020年疫情暴发时,谈义良身先士卒,带领九如康养护援队一行40人奔赴武汉,为那里的202位老人带去了专业的看护和温暖的陪伴,成为最美"逆行者"。"让天下子女尽孝有道，让阳光照进长者心田"是九如城的使命，也是九如城模式的底层逻辑。

我亲近的朋友也感受过九如城的居家养老模式。看着阿姨从虚弱慢慢恢复，变得快乐起来，焕发生机，感受生命的质量，我想这应该就是九如城模式真正的意义所在。

对于生命的敬畏与向往是乔治·沃尔德的信仰，也是我的信仰。"人类生活在一个严谨有序、可被感知的宇宙中，这是一个孕育了生命的宇宙，生命是宇宙中高位的存在。"如何让生命更有意义，是每一个人的责任，也是生命本身的意义之所在。

九如城所探索的就是守护老人生命的意义，也因为这样的探索，实现着自己的生命意义。希望九如城的探索能取得更持久、更有价值的成效。同时，希望社会、政府一起做出更多努力，让社会化机构运作更规范、机制更透明、功能更完整，走出一条政府、机构、个人结合的养老之路。

（本文作者系北京大学国家发展研究院 BiMBA 商学院院长）

前言

国家统计局发布的第七次全国人口普查数据显示,我国60岁及以上人口为2.64亿人,占总人口的18.7%,其中,65岁及以上人口为1.91亿人,占总人口的13.5%。与2010年相比,60岁及以上人口的比重上升了5.44个百分点。31个省份中,有30个省份65岁及以上老年人口比重均超过7%,12个省份65岁及以上老年人口比重超过14%。这些数据表明,我国人口老龄化程度进一步加深,未来将持续面临人口长期均衡发展的压力。

国民经济和社会发展统计公报也显示,截至2020年年末,全国养老机构为3.8万个,床位823.8万张,按照"9073"①的养老格局,我国养老床位需求约为1 900万张,相比于供给,缺口超过千万。与此同时,我国养老机构却普遍面临资金收支难以平衡、人才极度紧缺的发展困境,超过一半以上的民办养老机构收支只能持平,40%的民办养老机构长年处于亏损状态,能够盈利的不足9%,养老机构发展步履维艰。社会养老供给不足,家庭养老负担沉重,使得很多家庭及老人备受困扰。"老了,我们怎么办?"这已经成为亟待解决的社会痛点问题。

九如城养老集团历经十余年的探索与耕耘,形成了以"养老四级体系""医、康、养、教、研、旅六位一体"和"两全模式"等为特色的

---

① 90%的老年人居家养老,7%的老年人依托社区养老,3%的老年人入住机构养老。

体系化养老解决方案,成为我国养老服务领域的领军企业,为积极应对人口老龄化挑战、解决社会养老痛点问题做出了积极贡献。本书对这一典型企业案例开展了深入的调查研究,有以下两点发现。

(1) 九如城深耕养老行业多年探索形成的"九如模式",是支撑企业持续健康发展、有效解决社会养老痛点问题的重要商业模式基础。

(2) 九如模式将企业重新定位为"家庭幸福生活解决方案提供商",强调"时代价值、社会价值、行业价值、企业价值、家庭价值和个人价值"的和谐统一,通过"六大体系支撑、六化协同互动"的商业模式运行,为中国社会养老问题提供了普惠性的体系化解决方案。

本书内容围绕九如城的探索历程、九如模式的形成过程、九如模式的主要体系架构展开,各章节安排如下。

第一章"养老之殇",通过鲜活的养老案例故事,系统阐述了广大人民群众当前普遍面临的养老痛点问题、我国养老行业发展面临的困境以及"十四五"期间国家为积极应对人口老龄化做出的一系列顶层设计。

第二章"九如探索",研究探讨九如城如何从房地产开发建设领域艰难转型到养老服务业的历程,深度解析九如模式的形成动因、形成过程,归纳提出以"六方价值共赢、六大体系支撑、六化协同互动"为核心的九如模式架构。

第三章"体系养老",围绕九如模式六大体系中最为核心、最具优势和最有特色的运营体系,着重阐述其以"养老四级体系""医、康、养、教、研、旅六位一体""两全模式""构建养老生态体系"为特色的体系化运营模式。

第四章"以人为本",聚焦九如模式的人才体系,着重阐述企业以人为本的人才观、以"人才大基盘"和"合伙人制"为特色的人才梯队战略。

第五章"服务驱动",主要阐述九如模式中以服务标准体系和服务价值体系为核心的服务管理体系,这是九如城最具口碑号召力和品牌影响力的体系模块。

第六章"智慧造就",这是九如模式的智慧体系,着重关注九如城在培育产业智慧(数字化养老)和生命智慧(养老教育)方面的实践成果,深度探讨两者之间的相互促进关系以及对九如模式的支撑价值和赋能价值。

第七章"幸福成长",着重关注九如城以"孝、爱、家"为核心的三大幸福体系,即长者幸福体系、员工幸福体系和家庭幸福体系,以及以此为基础对行业及社会幸福体系构建的推动举措。

第八章"正心奉道",聚焦九如模式的文化体系,着重探讨支撑九如模式持续健康运行的文化基因与价值观内核,为九如模式运行进一步夯实思想基础、价值观基础和文化基础。

第九章"未来已来",依托系统耦合管理、人本管理、服务质量管理、数字化管理、幸福管理和东方管理等理论,深度剖析九如模式六大体系的理论基础,并依据理论指引为九如模式的持续健康发展提供优化与拓展建议。

希望本书所开展的案例研究,有助于理论界深度了解兼具商业和公益双重属性的社会企业商业模式构建机理,同时能为养老服务业相关企业商业模式优化及政府开展行业指导提供一些参考。当然,书中难免会存在瑕疵和不足,恳请广大专家和读者不吝赐教,共同推动养老行业的深入研究,为我国养老事业的健康发展贡献力量。

目录 | Contents

第一章　养老之殇：老了怎么办 ………………………………… 1
　一、养老现状痛点 ……………………………………………… 3
　二、养老行业困境 ……………………………………………… 13
　三、养老政策破局 ……………………………………………… 18

第二章　九如探索：为天下长者 ………………………………… 27
　一、九如前世今生 ……………………………………………… 29
　二、九如转型之路 ……………………………………………… 31
　三、九如模式构建 ……………………………………………… 56

第三章　体系养老：系统化运营 ………………………………… 73
　一、九如运营体系 ……………………………………………… 75
　二、养老四级架构 ……………………………………………… 77
　三、养老生态系统 ……………………………………………… 81

第四章　以人为本：人才居首位 ………………………………… 91
　一、九如人才体系 ……………………………………………… 93
　二、独特的人才观 ……………………………………………… 96
　三、人才梯队战略 ……………………………………………… 103

第五章　服务驱动：口碑在人心 ………………………… 113
一、九如服务体系 ………………………………………… 115
二、养老服务标准 ………………………………………… 121
三、服务创造价值 ………………………………………… 127

第六章　智慧造就：生命更圆满 ………………………… 133
一、九如智慧体系 ………………………………………… 135
二、科技赋能养老 ………………………………………… 140
三、教育成就价值 ………………………………………… 144

第七章　幸福成长：社会至和谐 ………………………… 157
一、九如幸福体系 ………………………………………… 159
二、建设"孝爱家" ………………………………………… 161
三、共创美好生活 ………………………………………… 170

第八章　正心奉道：文化铸九如 ………………………… 173
一、九如文化体系 ………………………………………… 175
二、正心与养老 …………………………………………… 182
三、奉道与事业 …………………………………………… 192

第九章　未来已来：知行本合一 ………………………… 199
一、九如案例经验 ………………………………………… 201
二、推动知行合一 ………………………………………… 202
三、探求普适方案 ………………………………………… 225

第一章
养老之殇：老了怎么办

一、养老现状痛点

(一)"埋母案"折射农村养老困境

> **陕西"埋母案"**①
>
> 2020年,发生在陕西的一桩"埋母案"震惊了世人。根据陕西省榆林市靖边县公安局的通报,5月2日晚上8点多,当地人马某将其79岁瘫痪在床的母亲,用家中的两轮手推车推进榆林炼油厂东侧"万亩林"的一个废弃墓坑内,并用事先准备好的铁锹铲土掩埋。其妻随后报案。三天后,被活埋了70个小时的老人被警方救出,所幸其生命体征平稳。11月2日,当地法院审理查明,马某母亲在与马某共同生活期间,因年老体弱又不慎跌倒,导致行动不便,大小便失禁,生活不能自理,马某开始嫌弃,并产生谋害其母亲的想法。最终一审法院以故意杀人罪依法判处马某有期徒刑12年。

"埋母案"或许只是一个极端事件,但折射出中国农村养老的一系列困境,敲响了一记警钟。我们不能仅仅停留在对这件事的愤慨和对马某的指责中,而为什么会出现"活埋母亲"这种极端事

---

① 参见李在磊、周缦卿:《"活埋母亲"案里的母与子:破碎的农村家庭、未明的作案动机》,《南方周末》2020年5月11日。

件,才是更值得去深思和探究的关键问题。目前,由于农村人口净流出、年轻劳动力流失、家庭结构转变以及老龄化超前于当前经济水平等原因,农村老龄化问题十分严峻。

一方面,农村家庭养老模式难以为继。城乡二元结构导致各类资源偏向城市,相比于城市老人,农村老人的养老保险收入低、医疗保障水平差、社区服务近乎空白。根据第四次中国城乡老年人生活状况调查[①],农村老年人的人均年收入不到城镇老年人的三分之一;在收入结构中,城镇老年人退休工资等保障性收入占年收入的79.4%,而农村老年人的保障性收入比例仅为36%。这意味着农村老年人更需要依靠子女来养老。"埋母案"中,当马某不愿承担母亲的养老责任时,等待老人的不是养老院而是废弃土坑。这固然是一个极端案例,但也从侧面说明,当家庭养老模式瓦解时,大部分农村老人的老年生活将失去保障,尤其是马某母亲这种半失能老人,将面临极为艰难的老年生活。从现实情况看,相当多的农村家庭因经济困难而无力供养老人。在城市,几千元钱可能仅仅是一个人的月收入;但在农村,几千元钱则可能是一笔大数目。一些生活在农村的老人,虽然有子女,但如果子女收入较低,养活自己或负担自己的小家庭都比较勉强,很难有多余的钱来供养老人。在"埋母案"中,马某58岁,也将迈入老年群体,身体和精力已经慢慢衰退,长时间照料一个半失能的老人,的确不是长久之法。而这种"年轻"老人照顾年迈父母的情况,在农村地区屡见不鲜。此外,城乡分隔也导致子女无暇顾及农村老人。目前相当多的农村家庭都是"半工半耕"家庭:年轻人在城市工作,老年人在农村生活,空间上的分隔客观存在。即便年轻人有养老的孝心,也往往会面临心有余而力不

---

① 党俊武:《老龄蓝皮书:中国城乡老年人生活状况调查报告(2018)》,社会科学文献出版社,2018。

足的难题。

另一方面,农村养老体系的基础又十分薄弱。主要表现在促进农村养老发展的配套制度缺乏、养老行业和服务发展动力不足、养老人才缺乏以及整个社会支持力量弱小,使得农村养老服务体系建设存在诸多困境。因此,相比城市来说,由家庭规模和结构转变带来的家庭养老功能弱化,在农村将更难以通过社会养老得到弥补。例如,大部分农村社区未能发挥养老功能,其他各种养老模式在农村发展也举步维艰;农村社区基层医疗功能发挥不足、医疗机构数量有限、基层医疗机构人力配置缺乏以及农村医养结合相关政策不完善等问题也导致农村医养结合供需矛盾十分突出。此外,受到教育程度偏低、养老保险缺乏以及家庭存款较少等因素影响,大多数农村老年群体不太愿意选择机构养老。加之他们对于养老的认识仍然停留在"养儿防老"的传统养老观念阶段,社会化养老意识不足,对入住养老机构存在抵触心理。这一定程度上也制约了农村养老机构的发展。

此外,农村孝道文化渐趋式微,也成为家庭养老模式松弛与瓦解、老人老无所依的原因之一。孝道文化作为伦理道德准则,约束和规范着子女后辈的行为,支撑着传统家庭养老模式存续。但改革开放后,随着市场经济的发展和社会的转型,大家庭逐渐向小家庭转变,人们的价值观也在发生变化,尊老爱幼、孝敬父母的中华传统美德有所淡化。人们按照市场思维处理人际关系时,极易从"利己"的角度思考问题,往往充满着各种计算与衡量。放弃不再产生效益甚至是"负资产"的老年人就成为这种思维下正常的选择。"埋母案"将道德秩序瓦解导致的悲剧赤裸裸地展现在我们面前。人们不能对此视而不见,更不能无动于衷。

（二）空巢老人的孤独之痛

> **子欲养而亲不待**①
>
> 孙先生全家在美国生活工作，两年前把母亲送到了九如城南京千手康养中心。母亲身体越来越不好，时常翻出儿子、孙子全家的照片。康养中心的院长经常去关心这个老人，问她是不是又想孩子了，要不要打电话给孩子。老人总是说孩子在忙，他有很多的事情要做，不愿意打扰孩子。院长拨通孙先生的电话，告诉他他妈妈在想念他，他已经有两年多的时间没见妈妈了，希望能够抽时间回来看看。孙先生说他很忙，等忙完这段时间一定回来。结果有一天老人生病了，院长快速拨通了孙先生的电话，要求他第一时间赶回南京。等到孙先生把手上的事情忙完再赶回来，妈妈已经离开了人世，孙先生痛不欲生。真是树欲静而风不止，子欲养而亲不待。

随着我国经济的发展，老龄化问题日益突出，其中"空巢老人"现象尤其引人关注。数据显示，2000—2010年，中国城镇空巢老人比例由42%上升到54%，农村由37.9%上升到45.6%②。国务院公布的《"十三五"国家老龄事业发展和养老体系建设规划》预计到2020年，独居和空巢老年人将增加到1.18亿人左右，而随着第一代独生子女的父母陆续进入老年，2030年中国空巢老人数将增

---

① 来源于对九如城的访谈资料。
② 阚琪琪：《"空巢老人"，中国式养老之痛？》，《人生与伴侣》2018年第3期，第10—11页。

加到两亿多,占到老人总数的九成①。

空巢老人,一般是指子女离家后的中老年人。随着社会老龄化程度的加深,空巢老人越来越多,已经成为一个不容忽视的社会问题。当子女由于工作、学习、结婚等原因离家后,独守"空巢"的中老年夫妇因此而产生的心理失调症状,称为家庭"空巢"综合征。其实这些老人的大半辈子也很辛苦,小时候生活大多比较艰难,长大后结婚生子,然后就开始为自己的子女奋斗。终于等到自己的孩子可以独当一面之后,他们却离自己越来越遥远。过去,四世同堂的家庭模式为"老有所养"提供了保障,而随着人口流动加快,居民住房条件改善以及民众家庭观念转变,儿女满堂、子孙绕膝的传统生活场景在中国越来越鲜见,家庭养老的功能愈发有限。

一些媒体也曾报道过类似独居空巢老人的案例②。罗老太与老伴(67岁)身体硬朗,两人每月4 000多元养老金也足以维持日常生活,尽管渴望子女的关心,但"空巢"尚未带来实际的困扰。罗老太说:"女儿一家人一个月最多能来看望我们一次,女婿也是独生子,亲家那边也要照顾到,况且年轻人有自己的生活,工作压力大,不能勉强。"相比之下,北京李老太的晚年生活就有些凄凉。76岁的李老太身患两种慢性病,两年前行动不便后,最基本的吃喝都成了棘手问题。她说,社区曾经有过专门为老人开设的"小饭桌"(餐厅),后来由于用餐老人越来越少,没多久就取消了。"现在只能靠女儿每周末过来帮忙做顿饭,或带来够吃一周的包子、饺子。"李老太说。"女儿也53岁了,健康状况也不是很好,还有自己的家

---

① 参见《国务院关于印发"十三五"国家老龄事业发展和养老体系建设规划的通知》(国发[2017]13号)。
② 阚琪琪:《"空巢老人",中国式养老之痛?》,《人生与伴侣》2018年第3期,第10—11页。

庭要照料。"为了尽量不拖累女儿,李老太"晚上尽量少喝水、少吃饭,少去卫生间","也尽可能少洗澡",因为"万一跌倒、摔伤,就太麻烦了"。不论是渴望儿孙亲情的孙先生母亲、罗老太,还是需要家人照料的李老太,空巢老人的背后是中国未富先老、未备先老的老龄化困境。

过去中国传统家庭结构稳定,这个问题尚不明显。但随着现代化进程的加快,传统社会趋向解体,三代同堂、四世同堂的景象已经很难看到。从1970年代末至2016年,由于推行独生子女制,每个家庭基本只有一个子女,给家庭赡养老人带来问题。同时,现在的新生代生长在文化断裂阶段,传统美德在新生代人群身上的痕迹不够深刻。此外,经济负担能力也是一个问题,如果独生子女收入较高还能够照顾到老人,但大部分人收入一般,经济上有限制。父母有养老金还能得到一些保障,如果没有退休金,光靠子女,就会给子女和家庭带来沉重的负担。

(三)"啃老式"养老

父母最大的渴望也许就是自己辛苦养大的孩子在结婚成家后能孝顺自己,在自己晚年无助的时候能担负起为人子女的责任。然而,相当多的子女却把父母的辛苦付出当成理所当然,却从未想过有一天父母也会因为他们的啃老而不堪重负。

"啃老"现在已经不是新鲜词儿,指子女的主要经济来源是父母,他们"长大不成人",有谋生能力,可仍然没有"断奶",社会学家称之为"新失业群体"。新型"啃老"是在原有"啃老"基础上衍生出来的,不仅子女啃老,还带着自己的小家庭一起啃老。

第一章 养老之殇：老了怎么办

"我究竟该怎么办？"①

我今年78岁，退休金每月5 000多元，存款35万元，住房有100平米。自从老伴去世后，儿子和女儿都争着要把我接到家里为我养老。我先去了儿子家，仅仅住了3个月就花了5万，把我吓得心惊肉跳。后来我又去了女儿家，住了一个多月，女儿向我提出了两个条件，把我惊出一身冷汗。

住在儿子家，儿媳对我说："爸，老师都说你孙子有音乐细胞，我们准备给他买一台德国进口的三角钢琴，要28 000元。你还得支持一下，你能凑多少是多少，反正这个月我们手里没剩多少钱了。"虽说我不想出这么多钱，但我还想在儿子家长期住下去，只好出了28 000元给孙子买了一台钢琴。后来两个月，儿媳说怕我冷着了，让我出了10 000块钱给我卧室里安装了一台空调。接下来她一会说让我换一个大冰箱，一会说我儿子的腰不行让我买一个实木床……这三个月时间我给了9 000元生活费不算，还花了5万元的积蓄。

后来住到女儿家，女儿对我说："爸，你外孙谈了三年的女朋友，女方家里催他们今年把婚事办了。你看我们都是工薪阶层，也没有攒多少钱。孩子这彩礼钱和买房已经把家底掏空了，女方家提出买一辆20万元左右的小车。爸，你得帮忙支持一下。还有你外孙买的新房目前没装修，你以后在我这里住，你家的房子空也是空着，不如先借给外孙婚后住一段时间，等他的新房装修好了就搬出去，以后你的生活费我就不要了。"女儿的这些话把我吓得魂飞魄散，在儿子那里住

---

① 改写自"情海瞭望"头条号：《"我究竟该怎么办？"》，https://www.toutiao.com/w/a1694555289545741/，2021年6月20日。

> 了3个月花了5万元,在女儿家住了不到2个月就想我给她买一辆车,还想要我的房。我是应该请一个年轻的居家保姆照顾我的日常起居呢?还是到养老院去养老呢?大家说说,我究竟应该怎么办?

父母辛辛苦苦一辈子,孩子长大他们变老,步入老年生活的他们最需要子女的陪伴和照顾,但现实是,很多年轻人工作很忙,生活压力越来越大,往往是上有老下有小。一些子女将自己的孩子交由父母照看,孩子既可以代替自己陪伴了老人,老人也可以帮着自己带孩子,可谓"一举两得"。殊不知,正是这种新型陪伴模式滋生出了新型"啃老"方式,背后的苦楚只有父母自己知道。老人本应该自由享受自己的晚年生活,可现在却还在辛苦带娃。还有一些子女就像上面的网友自述那样,为了自己的小家庭,向老人索取无度。子女认为这些理所当然,却从不顾及老人的感受,本应尽到养老义务,却做起了"啃老"的事情,实在令人唏嘘。

所谓"啃老式"养老,简单来说,就是子女跟老人一起住,吃喝住都是老人买单,看孩子也是老人的事情;小两口潇洒自在,家务活一概不管不问,不给或很少给老人生活费,甚至还向老人要钱花。目前这种模式的家庭不在少数,给老年人造成很大压力,也让很多老年人心中怨气颇深。这些矛盾对家庭和谐和后代教育造成了较大的负面影响。

随着社会进步,"抱团养老""互助养老""养老服务中心养老""医养康复中心养老""社区养老机构养老"等日益普遍,为老年人群提供了更为多样化的养老模式选择,也让老年人不必过分依靠年轻子女进行养老,未来养老方式可能会越来越趋于成熟化和多样化。

（四）"虐老案"触发信任危机

北京保姆虐老案只是被新闻报道的极端例子，但在现实生活中，虐待老人的事件并不罕见。根据澎湃新闻的报道，2017年一项系统综述研究发现，虐待老年人的总发生率达到15.7%，其中心理虐待估计为11.6%，经济虐待估计为6.8%，疏忽造成的虐待行为4.2%，身体虐待的比例为2.6%，性虐待的比例为0.9%。也就是说，约有全世界六分之一的老年人受到了虐待，约1.41亿人。另一些研究估计，全世界4%～6%的老年人曾经在身体、精神或经济等方面遭受过某种形式的虐待。即使在经济发达、普遍重视个人权利的欧美等国，研究数据也表明近10%的老年人曾经遭受过各种形式的虐待[1]。

世界卫生组织将老年人虐待定义为：在任何应信任的关系中发生的，对老年人的不恰当的、并给老人带来伤害或造成不幸的行为，其类型主要包括身体虐待（推搡、殴打等）、情感虐待（对老年人冷漠、大声喊叫、辱骂、威胁、限制活动等）、经济虐待（非法或不当使用老年人的资金或财产）、性虐待（未经老年人同意的任何性接触和性侵犯）、忽视（照顾者未能给老年人提供生活必需品）等[2]。研究显示虐待可增加老年人死亡率，导致焦虑和抑郁等心理问题，降低老年人生活质量，增加公共卫生资源的使用。

目前，对我国一些城市双职工家庭、独生子女家庭来说，雇请保姆看护老人已经成为刚性需求，但想要找个好保姆似乎并不是一件容易的事情。让一个陌生人走进并熟悉自己的家庭，照看自

---

[1] 倪静：《请停止"虐待"老人，正确面对老龄化》，https://www.thepaper.cn/newsDetail_forward_8638594，2020年8月17日。

[2] 伍小兰、李晶：《中国虐待老人问题现状及原因探析》，《人口与发展》2013年第3期，第85—91页。

己最亲的人,这本身就需要很大的勇气和信任。近年来各类关于保姆的负面新闻被曝光后,很多人更是对保姆敬而远之。如何养老才安全可靠,让老人及其家属为之忧心忡忡。

> **"北京保姆虐老案"**①
>
> 让辛苦一辈子的老母亲安度晚年,是北京市民王某最大的愿望。王某日常工作十分繁忙。随着母亲身体的每况愈下,他决定雇佣一名保姆辅助自己照料母亲的生活起居。怎料,这份孝心却换来了一场噩梦。2018年,受心脑血管疾病的影响,王某母亲生活自理能力逐渐丧失,保姆徐某觉得自己付出得越来越多,因此内心充满了怨气。王某也发现,徐某护理母亲时越来越没耐心。2019年1月,王某通过家庭视频录像意外看到徐某在护理过程中随手打了母亲几下,这令他十分气愤。在双方对质时,徐某解释说自己当时心情不好,并不是故意打老人。王某心一软,决定给徐某一次改过自新的机会。4月21日,王某下班后探望母亲,惊讶地发现母亲右侧脸颊有大片淤青。徐某辩称老人上厕所没站稳,不小心撞到了头部。看到母亲流露出的惊恐神情,王某对徐某的说辞起了疑心。通过查看监控录像,母亲受伤的真相水落石出。王某发现,4月20日中午,母亲上厕所时不慎将大便蹭到了徐某的衣服上,徐某顿时大发雷霆,连续用手掌击打王某母亲头面部好多下。4月25日的监控录像显示,徐某揪着王某母亲的头发,多次击打其头面部,怒斥她不应该告状。这一次,王某选择了报警。后经法医学鉴定,其母亲的

---

① 参见徐日丹:《16秒掌掴脚踢老人6次》,《检察日报》2020年7月11日。

> 头面部、四肢及胸背部多处软组织损伤,为轻微伤。9月3日,北京朝阳法院对此案一审宣判,徐某因犯虐待被看护人罪被判处有期徒刑一年。

二、养老行业困境

(一)人口老龄化的严峻形势

我国是当今世界老年人口数最多的国家,并且已经进入人口快速老龄化阶段。老人高龄化、空巢化、失能化现象越来越普遍。第七次人口普查数据显示,截至 2020 年 11 月,我国已有 60 岁及以上老年人口 2.64 亿人,占总人口的 18.7%,65 岁及以上人口为 1.91 亿人,占总人口的 13.50%,与第六次人口普查相比,60 岁及以上人口的比重上升 5.44 个百分点,65 岁及以上人口的比重上升 4.63 个百分点,预计 60 岁及以上人口 2025 年将突破 3 亿,2033 年将突破 4 亿,2053 年将达到 4.87 亿的峰值[1]。而截至 2018 年年底,患有慢性病的老年人达 1.5 亿人,占老年人总数的 65%,失能、半失能老年人达 4400 万人[2]。图 1-1—图 1-4 反映了我国人口及老年人口的变化趋势与预测。

老龄人口特别是老年失能人口的迅速增加给我们的养老、医疗产业带来了巨大的压力和挑战,解决好养老问题越来越迫切。

---

[1] 参见国家统计局:《第七次全国人口普查公报(第五号)》。
[2] 杨祎:《我国失能、半失能老年人 4400 万,面对老年护理需求 400 万护士远远不够》,http://health.cnr.cn/jkgdxw/20190509/t20190509_524606483.shtml,2019 年 5 月 9 日。

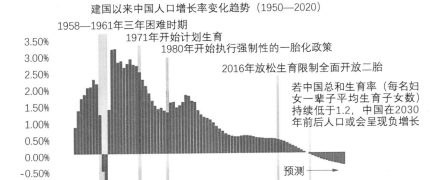

图 1-1　中国人口增长率变化趋势

（资料来源：格隆汇）

图 1-2　中国 60 岁以上人口增长情况

（资料来源：智研咨询研究报告）

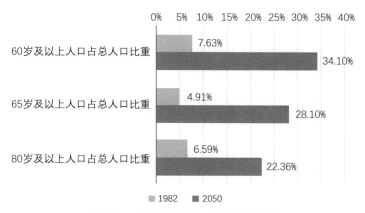

图1-3 2050年中国人口老龄化趋势
（资料来源：智研咨询研究报告）

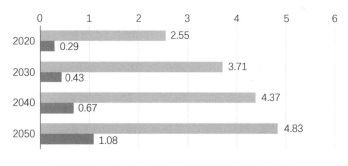

图1-4 2020—2050年中国老年人口预测
（资料来源：智研咨询研究报告）

李克强总理在2019年《政府工作报告》中强调，"让老年人拥有幸福的晚年，后来人就有可期的未来"。老年人晚年幸福，整个社会才会有希望。解决好养老问题不仅仅关系着老人的幸福，也关系到整个社会的和谐稳定。

深度老龄化社会的即将到来也让传统养老模式越来越不堪重

负。目前大多数老人都选择在家中养老,老人年纪大了容易生病,其自理能力下降迅速,需要家庭、社会帮助的需求急剧增加。而现代家庭正在"变小",大多是独生子女的"421"家庭(即四个老人、一对夫妻、一个孩子),对老人的照料能力趋于下降。因此,一旦家中有老人卧病在床甚至生活不能自理,往往让子女们忙得焦头烂额,在精力和经济上都很难承受。

老龄化是人们不得不接受的事实,同时也是一个备受压抑的心理折磨。有多少人可以坦然面对衰老这件事?有多少家庭可以完全做到有备无患?人们害怕老去,可是人人都会老。当人生步入老年期,首先要面对的残酷现实,就是身体功能的衰退和疾病的增加。比起身体上的不便,更难以面对的是深不见底的孤独。生活圈子变小,缺少适合老年人的娱乐活动及交流互动,与主流社会脱节,每天朝夕相处的是没有生气的家具、冰冷的墙面,整天被无聊、寂寞的氛围笼罩。久而久之,老人们就不自觉地认同了人越老,人生就越在走下坡路,只能无奈地等待着某一天的到来,直至生命的终结。

(二)养老行业发展痛点

应对人口老龄化需要大力促进养老事业发展。但在现实生活中,我国的养老现状仍然存在很多问题,很多老人生活凄苦,子女不孝,养老行业也存在诸多不足与缺失。这些甚至已经成为社会发展的一系列痛点。

一是老人之痛。老人身体伤痛及精神伤痛,退休后失去价值体现,养老服务又难以满足需求。老年人作为社会的弱势群体,需要更多的关注与关怀。"老吾老以及人之老"一直是中华民族的优秀传统,这些老人心中的苦痛,也是社会的苦痛。

二是子女之痛。自身无时间和精力照应父母,又无标准化、品牌化的养老服务可以提供支持。家庭适老化设施不到位,养老上门服务质量差,面临服务人员素质不高等问题。同时现代家庭"变小"使得对老人的照料能力下降增加了子女的精神和经济压力。

三是行业之痛。公办养老机构大多一床难求,专业水平不足,服务品质不高,政府投入成本巨大。民营养老机构力量单薄,"小、散、弱"无法形成连锁经营,同时各地政策落实程度参差不齐,对民营养老机构的扶持也不到位。一些涉足养老行业的保险型公司以保单为主业,而房产企业做养老不少以圈地卖房为主。在机构养老中,老年人大多患有多种疾病,对医疗服务需求强烈,但由于这些机构的工资待遇较低、职称评聘受限、硬件配置不足等,医疗服务能力难以满足入住老人需求。养老机构的高端管理和护理等专业人才匮乏,流动性大,机构可持续发展程度低。在居家和社区养老中,老年人最关注日常护理、慢性病管理、健康教育等服务。但目前很多社区养老服务设施与社区医疗卫生服务结合不紧密,通常只能提供日间照料服务,不能满足高龄、失能老年人生活照料和医疗护理叠加的服务需求。社区居家养老服务很多等同于上门家政服务,人员不专业、无正规团队。此外,养老行业虽然是潜力巨大的"朝阳产业",但目前也存在模式不清晰、回报周期长的困境。社会资本参与养老服务,一方面能够促进养老行业市场化运转、良性竞争,另一方面又容易陷入对政府补贴的过度依赖。目前国内市场在为老年人开发产品上,缺乏优质供给已是产业常态。除了养老服务产业,老年金融、老年用品、老年教育这些不同的模式都尚在探索之中。可以说,养老行业的活力还没有被真正激发出来。

四是企业之痛。养老机构盈利难是目前企业面临的主要困境。企业作为养老市场的主体之一,能否盈利非常考验企业的运营能力。中商产业研究院的数据显示,2012—2015年,中国养老机构数量从4.43万个急速下降至2.8万个,2016年开始才再度回暖,但每年的机构增长数量仅数百个①。养老机构普遍亏损,究其根本在于养老行业当前重资产、高投入、回报周期长的特点。作为一个需要长期投入才有回报的产业,养老机构一开始投入大且空置率高,需要后期养老床位使用率提升带来回报。在资本涌入,养老行业迎来万亿元级规模的情况下,如何找到清晰的盈利模式成了众多养老机构亟待解决的问题。

五是社会之痛。中国人未富先老、未备先老,人口老龄化持续加速;社会保障不足,原有养老机构无法满足当前养老需求;政策缺失,政府财力、物力、人力不足;养老企业势单力薄,在情怀与盈利中难以平衡。这些问题不仅仅只是老人之痛、家庭之痛,已经演变成为整个社会亟待解决的痛点问题。

三、养老政策破局

(一) 日臻完善的养老政策顶层设计

最美不过夕阳红。温馨的环境、安详的生活,需要养老服务保障工作做实做细,让千千万万老年人老有所养、老有所依、老有所乐、老有所安。党的十八大以来,习近平总书记对积极应对人口老龄化做出了一系列重要指示批示,党中央作出了一系列部署安排,制定了国家积极应对人口老龄化中长期规划,为实施积极应对人口老龄化国家战略提供了根本遵循。

习近平总书记对加强我国老龄工作做出重要指示,强调我国

---

① 李振:《"银发潮"遭遇养老围城,万亿级市场下养老机构盈利难》,http://www.21jingji.com/2019/11-27/5NMDEzNzlfMTUxOTI5NA.html,2019年11月27日。

是世界上人口老龄化程度比较高的国家之一,老年人口数量最多,老龄化速度最快,应对人口老龄化任务最重,满足数量庞大的老年群众多方面需求、妥善解决人口老龄化带来的社会问题,事关国家发展全局,事关百姓福祉,需要下大气力来应对①。中国共产党历来高度重视老龄工作,党的十八大和十八届三中、四中、五中全会以及"十三五""十四五"规划纲要都对应对人口老龄化、加快建设社会养老服务体系、发展养老服务产业等提出明确要求。国家要积极发展养老服务业,推进养老服务业制度、标准、设施、人才队伍建设,构建居家为基础、社区为依托、机构为补充、医养相结合的养老服务体系,更好地满足老年人养老服务需求。要培育老龄产业新的增长点,完善相关规划和扶持政策。

目前,我国养老行业政策的顶层设计日臻完善。"养老服务"于2012年首次纳入新修订实施的《中华人民共和国老年人权益保障法》,为维护老年人权益、做好养老服务工作提供了法治保障。此后,国务院又先后出台一系列纲领性文件,架构起养老服务事业和产业的政策体系。2013年9月,国务院出台《关于加快发展养老服务业的若干意见》,高位部署推进养老服务业发展,开启了养老服务社会化的历史征程。2015年11月,国务院办公厅转发《关于推进医疗卫生与养老服务相结合指导意见的通知》,全面部署推进医养结合,满足人民群众多层次、多样化的健康养老服务需求。2016年12月,国务院办公厅出台《关于全面放开养老服务市场提升养老服务质量的若干意见》,对养老服务业"放管服"改革做出新部署,明确重点任务的时间表。2018年年底,全国人大常委会修订《中华人民共和国老年人权益保障法》,取消养老机构设立许可

---

① 新华社:《中共中央政治局就我国人口老龄化的形势和对策举行第三十二次集体学习》,http://www.gov.cn/xinwen/2016-05/28/content_5077706.htm,2016年5月28日。

制度，进一步释放改革活力，强化综合服务监管，推动养老服务业发展。与此同时，在涉及国计民生的"十二五""十三五"国民经济和社会发展规划纲要中，养老服务业连续纳入重要民生议题，一系列为老实事项目层层推进。此间，国家层面共出台涉老专项规划22部；民政部及相关部门配套出台具体指导性文件50多件，涵盖了养老服务各个领域，养老服务业成为国民经济和社会发展的重要组成部分①。

为积极应对人口老龄化，按照党的十九大决策部署，中共中央、国务院于2019年11月印发《国家积极应对人口老龄化中长期规划》，强调到2022年，我国积极应对人口老龄化的制度框架初步建立；到2035年，积极应对人口老龄化的制度安排更加科学有效；到2050年，与社会主义现代化强国相适应的应对人口老龄化制度安排成熟完备。相应地，规划从五个方面部署了应对人口老龄化的具体工作任务：一是要夯实社会财富储备；二是要改善劳动力有效供给；三是要打造高质量的为老服务和产品供给体系；四是强化应对人口老龄化的科技创新能力；五是构建养老、孝老、敬老的社会环境。

这一系列顶层设计从国家层面构建了老龄化社会发展的基本政策框架，也从根本上给予了我国养老行业发展的政策保障。

（二）"十四五"规划明确发展新方向

党的十九届五中全会通过的《中共中央关于制定国民经济和社会发展第十四个五年规划和二〇三五年远景目标的建议》，提出实施积极应对人口老龄化国家战略，这在历次党的全会文献中是

---

① 刘鹏程、马丽萍：《让亿万老年人和家庭感到未来可期——近年来养老服务业创新发展综述》，《中国社会报》2019年4月2日。

第一次,是以习近平同志为核心的党中央总揽全局、审时度势作出的重大战略部署。显然,这一战略事关国家发展全局,事关百姓福祉,对"十四五"和更长时期我国经济社会持续健康发展具有重大和深远的意义。

民政部部长李纪恒在《光明日报》刊文,系统阐述了实施人口老龄化国家战略的重大意义与总体要求①。

首先,这是践行党的初心使命、坚持以人民为中心发展思想的重要体现。让每位老年人都能生活得安心、静心、舒心,实现广大老年人及其家庭对日益增长的美好生活向往,发挥老年人在经济社会建设中的积极作用,将会进一步彰显党的初心使命和我国社会主义制度的优越性。

其次,这是维护国家人口安全和社会和谐稳定、实现第二个百年奋斗目标的重要考量。人口老龄化不断加剧将是基本国情,关系到我国代际和谐与社会活力,影响国家人口安全和国际竞争力。把积极应对人口老龄化提升为国家战略,有利于全党全社会进一步凝聚共识,确保中华民族世代永续发展,始终屹立于世界民族之林。

最后,实施积极应对人口老龄化国家战略,是推动高质量发展、加快构建新发展格局的重要举措。实施积极应对人口老龄化国家战略,有利于化危为机、危中寻机,对冲不利影响,积极转化老龄风险为"长寿红利";有利于深入推进供给侧结构性改革,全面放开养老服务市场,催生银发经济新产业、新业态、新模式,培育形成经济增长新动能;有利于拓展银发消费,持续扩大内需,充实国内大循环,促进国内国际双循环良性互动。

为此,党和国家对实施积极应对人口老龄化国家战略提出了

---

① 李纪恒:《实施积极应对人口老龄化国家战略》,《光明日报》2020年12月17日。

一系列总体要求。一是要坚持党总揽全局,为积极应对人口老龄化提供坚强保证;二是要坚持积极老龄化观念,牢牢掌握应对人口老龄化战略先机和主动权;三是要坚持调动各方主体的积极性,打造共建共治共享的老龄社会治理共同体;四是要坚持尽力而为、量力而行,做到因地制宜、科学精准施策;五是要坚持深化改革开放,为人类解决老龄化问题贡献中国智慧和中国方案。尤其是第三个要求,与养老行业发展直接相关,积极应对人口老龄化涉及领域广、参与主体多,充分调动政府、市场、社会、家庭应对人口老龄化的积极性非常重要。因此要在政府主导下,引导市场主体和社会力量广泛参与。

根据"十四五"规划要求,今后我国养老行业发展的主要方向如下①。

一是强化基本养老服务和普惠养老服务。即针对老年人最迫切的需求,逐步建立以失能照护为主要内容的基本养老服务体系,探索建立面向社会大众的成本可负担、方便可及、质量可靠的普惠型养老服务。总的考虑是充分发挥家庭、企业、社会等多主体的积极性,引导社会资源积极参与养老服务供给,推进"城企联动普惠养老专项行动"。按照"政府支持、社会运营、合理定价"的基本思路,通过中央预算内投资支持,吸引城市政府和企业自愿参与,扩大普惠性养老的服务供给。

二是强调"居家、社区、机构"养老服务的协调配合。中央明确提出加快建设"居家、社区、机构相协调"的养老服务体系,这比之前政策表述中"居家为基础、社区为依托、机构为补充的养老服务体系"有了巨大的进步,有利于养老服务主体之间的互动与合作,促进了养老服务资源的合理配置和高效供给。居家养老的优势在

---

① 万仁涛:《民政部部长定调:未来五年,养老服务业这样干》,https://houpuyanglao.com/a/xingyexinwen/701.html,2020年12月28日。

地点，即让老年人身处自己熟悉的环境中；机构养老的优势在服务，即向老年人提供专业化、标准化养老服务；社区养老的优势在平台和连接，即一边连接着对其有充分信任感的老年人，一边连接着各种养老服务供应机构。因此，养老服务需求日趋多样性、多层次、个性化的特征，决定了居家养老、社区养老和机构养老三种方式的融合发展是必然趋势。

三是强调医养康养相结合。要兼顾服务对象的共性和个性，为不同健康状况的活力、半失能、失能老人提供不同服务项目，充分考虑到老年人健康状况的动态变化，设计具有可选择性的养老服务包，满足老年人的生活照料、医疗康复、健康管理等需求，实现老有所养、健康安居、生活幸福。未来在政府层面和实践层面可能会进一步推动政策升级、试点升级、服务升级、人才升级和技术升级。

四是强调综合监管，强化顶层设计。国务院办公厅印发《关于建立健全养老服务综合监管制度促进养老服务高质量发展的意见》，对养老服务综合监管工作作出部署，养老服务行业"宽进严管"的时代来临。为深化养老服务"放管服"改革，第三次修改的《中华人民共和国老年人权益保障法》明确取消养老机构设立许可，国务院先后出台《关于全面放开养老服务市场提升养老服务质量的若干意见》《关于建立健全养老服务综合监管制度促进养老服务高质量发展的意见》《关于推进养老服务发展的意见》等基础性政策文件，进一步促进了养老服务市场的开放，强化了养老服务综合监管。为鼓励社会力量参与养老服务，相关部门也先后出台了《关于金融支持养老服务业发展的实施意见》《养老机构管理办法》《关于进一步扩大养老服务供给促进养老服务消费的实施意见》《关于加强规划和用地保障支持养老服务发展的指导意见》等多项实施性政策措施。为推动养老服务发展、提高养老服务质量,有关方面制定出台了《养老机构服务质量基本规范》《养老机构服务安全基本规范》《养老机构等级划分与评定》等多个国家和行业标准。此外,民政部设立养老服务司这一专职管理机构,还建立了由民政部牵头、多部门组成的养老服务部际联席会议制度,部门协调统筹更加顺畅,养老服务工作合力进一步增强。

综上所述,"十四五"规划为我国养老行业发展做好了顶层设计,指明了发展新方向,提供了充分的政策保障,为应对当前人口老龄化严峻形势和破解养老行业发展困局奠定了坚实基础。

中共中央十四五规划建议中有关养老行业发展的政策要求[①]

实施积极应对人口老龄化国家战略。制定人口长期发展战略,优化生育政策,增强生育政策包容性,提高优生优育服务水平,发展普惠托育服务体系,降低生育、养育、教育成本,促进人口长期均衡发展,提高人口素质。积极开发老龄人力资源,发展银发经济。推动养老事业和养老行业协同发展,健全基本养老服务体系,发展普惠型养老服务和互助性养老,支持家庭承担养老功能,培育养老新业态,构建居家社区机构相协调、医养康养相结合的养老服务体系,健全养老服务综合监管制度。

---

① 摘自《中共中央关于制定国民经济和社会发展第十四个五年规划和二〇三五年远景目标的建议》。

中华人民共和国十四五规划纲要中有关养老产业发展的政策要求[①]

推动养老事业和养老行业协同发展,健全基本养老服务体系,大力发展普惠型养老服务,支持家庭承担养老功能,构建居家社区机构相协调、医养康养相结合的养老服务体系。完善社区居家养老服务网络,推进公共设施适老化改造,推动专业机构服务向社区延伸,整合利用存量资源发展社区嵌入式养老。强化对失能、部分失能特困老年人的兜底保障,积极发展农村互助幸福院等互助性养老。深化公办养老机构改革,提升服务能力和水平,完善公建民营管理机制,支持培训疗养资源转型发展养老,加强对护理型民办养老机构的政策扶持,开展普惠养老城企联动专项行动。加强老年健康服务,深入推进医养康养结合。加大养老护理型人才培养力度,扩大养老机构护理型床位供给,养老机构护理型床位占比提高到55%,更好满足高龄失能失智老年人护理服务需求。逐步提升老年人福利水平,完善经济困难高龄失能老年人补贴制度和特殊困难失能留守老年人探访关爱制度。健全养老服务综合监管制度。构建养老、孝老、敬老的社会环境,强化老年人权益保障。综合考虑人均预期寿命提高、人口老龄化趋势加快、受教育年限增加、劳动力结构变化等因素,按照小步调整、弹性实施、分类推进、统筹兼顾等原则,逐步延迟法定退休年龄,促进人力资源充分利用。发展银发经济,开发适老化技术和产品,培育智慧养老等新业态。

[①] 摘自《中华人民共和国国民经济和社会发展第十四个五年规划和2035年远景目标纲要》。

第二章
九如探索:为天下长者

一、九如前世今生

《诗经·小雅·天保》云:"如山如阜,如冈如陵,如川之方至……如月之恒,如日之升……如南山之寿……如松柏之茂",意为祝寿之辞,表达祝福之意。九如城集团(简称九如城)的名称"九如"二字便源于此。九如城中的"城"字,按照企业的说法,主要有几个层面的解释:一是梦想之"城",一个乌托邦式的康养模式在中国落地;二是幸福之"城",让更多老人享受幸福快乐的晚年生活;三是孝爱之"城",让孝道的文化在老人、员工及家属之间传播,甚至卷起整个社会的文明。

九如城集团成立于2009年,是一家医、康、养、教、研、旅相融合的养老服务综合运营商。10多年来,九如城紧跟国家发展步伐,不断完善全国布局,目前在10多个省份,60多个城市开设康复医院、连锁运营养老机构200多家、社区中心800多家、拥有员工逾8 000人,总床位数超50 000张,服务惠及百余万家庭。2020年新冠肺炎疫情暴发,在武汉市养老机构疫情防控的关键阶段,九如城40位员工于2月20日驰援武汉,抗疫33天,对口支援两家机构,照护202位老人,同时参与起草了民政部办公厅印发的《新冠肺炎疫情高风险地区及被感染养老机构防控指南》。作为民政史上首次跨省驰援行动中首支进入武汉的养老民企,九如城得到民政部、江苏省委省政府及湖北省武汉市政府多方面高度评价,彰显了新时代民营企业的社会责任和担当。

从具体业务范围来看,九如城是专业从事养老行业投资及运营的集团公司,强调"养老、医疗、健康、教育"四大领域融合,服务内容涵盖医疗康复、养老护理、健康管理、教育培训、管理输出等。九如城以城市养老综合体为资源载体,通过公建民营、共建民营、自建自营、委托运营等多种形式,连锁运营城市养老院项目,并将养老服务延伸到社区和家庭,形成了"养老综合体—机构养老院—社区养老—居家养老"四级养老服务体系。

其中养老业务版块是以四级养老服务体系为导向,建设城市中心的养老综合体,设立自营养老机构,承接政府养老机构,辐射社区、居家养老服务。综合体的建设整合国内外先进理念和优质资源,根据老人不同阶段的养老需求,设立有康养中心、安养中心、颐养中心、护理院等多个产品,提供差异化养老护理服务方案。医疗业务版块以大专科医院(肿瘤医院、骨科医院、脑科医院等)为核心,康复医院、护理院为载体,基本院、社区院、专科诊所为补充,为老人及患者提供配套完善的养老康复及医疗服务。健康业务版块是以健康管理中心为载体,从检前评估、健康体检、建立档案、健康评估到健康干预,以建立动态健康档案为基础,实现前端管控健康状况,防患于未然;以提高生命质量为目的,将传统的医疗体检、绿色就医通道和健康养生等融入九如城健康管理体系中。教育版块于2014年与江苏经贸职业技术学院共建江苏经贸九如老龄产业学院,并与国内多所高校的医学专业、养老专业、护理专业建立合作关系;以产业发展实践为依托,开创"2+3"工学交替弹性学制,深化"产学研"一体化新模式,打造企业教育培训新典范。未来,九如城还将在上海周边设立独立的福祉学院,为九如城和其他养老服务组织培养实用型专业人才。

目前,九如城采用区域化规模布局、连锁运营、合作共赢的方式,已将医疗与养老服务延伸到长三角、珠三角、沪宁沿线等重点城市。现阶段已投资成立公司的城市有:上海、南京、苏州、徐州、无锡、广州;已进入项目拓展的城市有:杭州、嘉兴、宁波、西安、常州、扬州、南通等。此外,海南、青岛、大连、深圳等也是九如城即将重点布局的"候鸟式养老"旅居城市。

图 2-1 展示了九如城的成立和发展历程。

二、九如转型之路

(一)转型历程

1. "九年计划"

九如城的创始人谈义良自 1993 年在江苏昆山创业,先后涉足建筑、环保、地产和养老行业,1998 年成立江苏中大建设集团有限公司,2001 年成立江苏中大地产集团有限公司,2009 年进入公益和康养产业,并于 2012 年成立九如城集团。

着眼于长期主义是企业的发展之道,成功之本。成就百年基业需要相应的长远战略体系来支撑新发展模式的实现。有了长远、前瞻、全面的目光,才能谋划企业更宏伟的发展蓝图,才能行至千里,在市场立于不败之地。养老行业投入大、周期长、回报慢,所有急于求成、走捷径、不聚焦的发展路径都很难走得通。养老行业目前来看仍然是具有挑战性的事业,需要持之以恒的耐力。

对于九如城来说,在信念上坚定不移,在能力上持续提升,才能在更高格局、更高站位上助推中国养老行业高质量发展。一个远大的目标,只有不懈地追求,才能成为壮举,也只有秉持长期主义,才能穿透企业经营的雾霾,看清商业本质。因此,九如城深耕养老行业十余年,始终保持公众透明度,适时向团队、行业、社会公布九如城"三年计划"和"九年之功",企业将三个三年计划定为中目标,三个九年计划组成大目标,每个年度细化部署,争取持续

老了，我们怎么办？

1993—1996 自行车上的创业征程
1993年，该义良带领一群大学生离开家乡宜兴，来到昆山创业，开启了自行车上的创业征程。从农家环保、建筑成品车库，先后承建成品车库、宿舍楼、污水处理厂、别墅等厂房等工程项目。

1996—1999 工程建设到房产开发
1997年，承建复盛运动、三兴化工、英发工具等企业工程项目。1998年，成立昆山中大建设有限公司，企业初具规模，开始走向正规化民营企业的发展路径。

1999—2002 布局工业地产
2000年，昆山中大房地产开发有限公司成立，开始布局昆山工业地产。同年中大建设施工二级获得房建施工二级资质，企业初具规模。2001年，中大总部乔迁至中大商务广场。2002年，企业产值破亿元。

2002—2005 迈向集团化公司路径
2003年，中大正式向综合性集团化公司的路径出发，成为昆山首个民营企业集团。2004年，企业更名为江苏中大建设集团有限公司。2005年，中大建设荣获国家房屋建筑工程总承包一级资质。

2005—2008 勤耕十载，智创未来
2006年，江苏中大置业有限公司成立，开发昆山中裹广场项目。2007年，经过7年布局，中大集团工业地产初具规模。2008年，昆山中大地产更名为江苏中大地产集团有限公司。提出"勤耕十载，智创未来"的企业精神。

2008—2011 涉足养老服务领域
2009年，江苏中大公益基金会成立，主推"O"计划（老年关怀）与"S"计划（学生成长）、"真心社"区设立"真心社"，开始深度研究养老理念。2011年成立考察团前往韩国、日本等多国考察养老行业。

2011—2014 布局养老产业
2012年，该义良开始布局养老产业，成立九如城养老产业集团。国内首个养老综合体落户宜兴。2013年，发布九如城四级养老服务体系。2014年，确立医康养教研旅一体化养老服务运营模式，同期成立九如城养老职业培训学校。

2014—2017 养老综合布局
2015年，成立九如城颐产业学院，养老综合体进入初步运营。2016年，五大区域公司成立了医康养教研旅一体化养老运营模式。2017年落地，首个PPP养老项目落地，"安信颐和"养老品牌启动运营。

2017—2020 从"众"出发
2018年，发布三年城战略规划，确立幸福与运营双体系并行的发展方向。2019年，成为国家"城企联动普惠养老"首批签约企业，集团总部迁入上海并开启全国连锁化。2020年，组建民政部首批跨省援鄂抗疫养老支援队。

图 2-1 九如城的成立和发展过程

超越。

第一个九年计划(2009—2017年),九如城创始人谈义良亲自担任总指挥,站在最前头,每个三年都投入百分之百的精力。经过了三年研究、三年建设、三年运营,实现了九如城第一个"九年计划"。正是有了第一个九年沉淀的基础,企业才能创造更大的超越。

第二个九年计划(2018—2026年),九如城将其细化为三年超越、三年引领、三年国际化。谈义良将在参与的过程中逐渐后退,让九如城经营团队直面挑战,经历考验,锻炼成长。九如城的稳健、高速发展,一个关键点就在于其既立足眼前,更顾及长远。九如城希望企业的养老事业能够做好、做大、做强、做久,服务更多的老人,这是企业所坚持的长期主义,也是谈义良的初心。

第三个九年计划(2027—2035年),谈义良计划用10%的精力,推动团队成长为得力伙伴,共同谋求事业的发展壮大。此外,第三个"九年计划"要进入志愿者时代。企业家个人也要从这个时间节点进入志愿者时代,也希望公司团队中出现志愿者队伍。在未来的发展过程中,九如城计划要协调更多的资源来进行整合,产生共生、共享、共赢的发展局面。九如城不仅要考虑公司的转变,还要考虑推动整个行业的发展。

2. "三年计划"

九如城已经走过四个三年,每个三年都有具体的计划,如图 2-2 所示。

第一个三年计划(2009—2011年)的主题是"研究",九如城做了很多国内外的研究来探索中国养老行业未来的发展模式。在研究过程中,认真请教国际化的团队、国际化的咨询公司,帮助九如城一起将国际最流行、最先进的养老方式、支付方式、运行方式与中国的实际状况及传统文化结合起来。九如城推动形成的养老综

图 2-2 九如城的"每个三年计划"

(资料来源:九如城公司内部资料)

合体模式就是这三年研究的成果。最早九如城团队所构想的"养老乌托邦",也是这三年研究过程中的产物,现在逐步得到了实现。在研究与实现过程中九如城也总结出很多模式,特别是医养融合新模式。同时,九如城在医、养、康、教等领域开展的很多深入研究,也都产生了一系列的创新研究成果。

第二个三年计划(2012—2014 年)的主题是"建设"。三年的建设,九如城不仅仅是把养老综合体的硬件工程建成,并且也完成了一些关键的标准化体系建设和多项软件建设。首先是养老服务体系在江苏宜兴全面展开,这是九如城首创的区域化、体系性解决养老问题的方案。不仅有养老综合体这样顶级的城市养老资源中心,也有城市综合养老院,同时还建设了很多社区养老服务中心,构建了居家养老服务系统。九如城通过落地、修正、提升等环节,不断完善其"养老综合体—城市养老院—社区养老—居家养老"四级养老服务体系。在此过程中还探索出"两全模式",即满足一定区域内全部老人全生命周期的养老需求。此外,九如城还对医养结合模式不断进行探索、创新与提升,并积极推动其落地。

第三个三年计划(2015—2017年)的主题是"运营"。九如城在这三年中组建了城市公司的运营体系、标准化服务体系以及针对不同的合作类型、项目类型制订的相关运行体系与流程体系。其中最有特色的是培训系统,这解决了养老行业最受困扰的人才问题。九如城相信,解决人才问题仅仅通过外部引进和挖同行墙角将永远无法适应养老行业快速发展的需求。为此,企业组建了先锋营、青年骨干营、养老康复师培训营、护理员培训与员工成长计划,形成了一种自力更生为主的体系化人才培养模式。

在这三个三年计划实施过程中,九如城对于养老的认知也经历了三个阶段。第一阶段是生活照料阶段,企业最早认为养老行业就是全方位解决老人的生活照料问题。第二个阶段是精神关爱,企业从服务向关爱方向迈进,产品也从服务型转变成温暖型。第三个阶段是家庭幸福。九如城意识到如果老人的家庭不幸福,老人无法达到理想的精神状态,也不会感到幸福,所以第三阶段企业一直围绕着家庭幸福做文章。企业找出了养老的本质是孝道,孝道的最终目标是家庭幸福。所以企业逐步从关心老人到关怀家庭,从提供服务型产品,到温暖型产品,再到光明型产品,真正找到养老行业的解决之道。前九年时间,九如城三年研究,三年建设,三年运营。第四个三年计划要把企业探索的养老行业发展模式进行快速复制。前九年时间,九如城在长三角区域拥有了近三万张养老床位,未来计划逐步进入一百个城市,开一千家院级机构,入住十万位老人,进入一万个社区,服务一百万家庭。这已经被九如城确立为现有五大区域公司的首要发展目标任务。

第四个三年计划(2018—2020年)的主题是"超越"。九如城在2018年的规模增长达到150%,2019年达到206%,2021年既是第四个"三年计划"的收官之年,也是开局之年,因此将试图实现更大的超越。收官意味着第四个"三年计划"的最后一年企业要保持定力、持续用力、精准发力,实现"圆满收官";开局则意味着企业要加快步伐,开好局、开新局,推动新的三年计划和第二个"九年计划"加速推进。

九如城即将迎来第五个"三年计划"(2021—2023年)——"引领"。企业意识到,没有更大的规模,没有更有影响力的品牌,没有更有吸引力的产品和服务,将无法实现行业的引领,这些要素需要九如城团队共同来创造。因此,需要精耕品牌、精耕效益,按照这样的要求来谋求发展,在此过程中,所在区域需要去创造更多的优秀案例,更多的示范项目,才能让九如城的品牌深入人心,才能创造更多的效益。而有了更多效益,才能服务更多老人,让更多的老人老有所依。为此,九如城提出"九如优品"计划,即通过"优选员工""优育培训""优厚待遇""优良专业"等系列工作全面提升员工素质,将"仁爱员工"作为九如城品牌核心资产的重要组成部分,在业界构建"养老=九如城、九如城=优秀服务品质"的良好口碑,进而推动九如城的品牌建设,促进养老行业的高质量发展。

第六个"三年计划"(2024—2026年)的主题是"国际化"。九如城认为,这并不仅仅是布局的国际化,更重要的是用国际化的思维制定国际化的战略,将企业服务理念惠及更多的老人,只有这样才能真正展示一家伟大公司的存在价值。

除了企业的转型发展计划,谈义良也给自己做了三个三年计划:第一个三年,从2019年开始,不遗余力和团队奋力拼搏在一线,努力将九如城打造成行业的领先者,甚至是领导者,同时开始尝试花10%的时间做志愿者。他承诺九如城所有的"3.0战略学习小组"至少都会来参加一次,所有线下的学习会都会参加,只要公司预先跟他约定去做交流分享,他一定会去。第二个三年,

2022—2024年,他打算花50%的时间来做志愿者,将中华传统文化传播到社会的每一个角落。第三个三年,2025—2027年,他计划花80%的精力做志愿者。而到了2027年的11月12日,他将全身心投入志愿工作,做终身的全职志愿者。

(二) 转型动因

1. 企业家对发展趋势的把握

企业家对趋势及其变化的敏锐性与把握能力是推动九如城转型的重要动因。现代管理学之父德鲁克在《卓有成效的管理》中提到:真正重要的不是趋势,而是趋势的转变。这句话有两层含义,一是强调企业管理者要马上行动,二是强调企业的管理者要有敏锐的觉察力,及时觉察到趋势的转变。趋势存在于外部环境中,无论外部环境是好是坏,只有展开行动才能获得成功。谈义良对此深表赞同,他认为,对于企业来说,最重要的信息是趋势的转变点。在外部环境不确定性的情况下,影响趋势变化的因素增多,身处其中的人很难看清未来的趋势,找到趋势的转变点更是难上加难。这种情况下,那些提前布局,追随趋势的人才能获得最终的成功。此外,看到趋势的转变还需要有超乎常人的觉察力。而觉察力是一个管理者必不可少的一种能力,它能够帮助管理者带领企业抢占先机。

为此,谈义良每年都会花费一个月的时间进行公司下属养老机构之间的"院际大走访",目的就是让自己和高管从公司的内部事务中脱离出来,抛去精心准备的报告,亲自到各个养老院里走一走,倾听一线的声音,了解真实的外部环境。这就是培养觉察力的一种方式。当企业管理者有足够的经验能够洞察事物本质和发展规律时,他们就能抓住时机与大势同频共振。

谈义良和他的管理团队意识到,老龄化社会的来临是不可更改的大趋势,要想获得成功,一定要在这个趋势中奔跑。只有身临其境,才能深入了解它,才能在转折点到来时及时布局。事实上,根据《中国养老产业发展白皮书》,2020年,中国养老行业市场规模将达到7.7万亿元,复合平均增长率为11.4%,2030年更将超过20万亿元。在各界探索人口老龄化的过程中,养老行业正焕发出巨大的市场潜力。国家统计局数据也显示,截至2020年年末,我国60岁及以上人口为2.64亿人,而养老服务机构床位总数仅823.8万张①。以此计算,若仅3%的高龄人口能够获得与之匹配的养老机构服务,产业规模扩展仍有极大空间。九如城布局养老行业十余年,当国家一系列利好养老的政策出台时,他们有能力、有底气抓住机会,乘着政策的东风在养老的道路上阔步前进。2020年突如其来的新冠肺炎疫情,加重了外部环境的不确定性,但谈义良和他的团队第一时间响应民政部的号召,组建了全国第一支跨省援鄂养老支援队,获得了政府和社会的高度认可,企业知名度与影响力得到进一步提升。

2. 企业家的责任与使命担当

(1) 感恩社会的责任感

谈义良创业的初心来自对社会的感恩,他一直觉得自己是这个时代的最大得益者,是改革开放的参与者、见证者。当他事业小有成就的时候,就积极投身公益事业,出资修缮了家乡的公路,成立了企业公益基金会,资助乡村教育,启动老年关怀计划。他认为既然在社会得益了,就一定要感恩这个社会,就想用一种商业模式,一种市场手段来解决一些社会重大问题,为社会做一些事情,将以前自己获得的财富加上自己的勤奋打包还给社会,让更多的

---

① 国家统计局:《中华人民共和国2020年国民经济和社会发展统计公报》,http://www.stats.gov.cn/tjsj/zxfb/202102/t20210227_1814154.html,2019年4月17日。

人来享受社会发展带来的成果,而养老就是最大的公益。

谈义良之所以特别关注老龄化,是因为他深刻地意识到社会的发展必然要面临"老龄化"这一重大问题。世界很多先进发达国家已经走过这样一个时代,而中国由于计划生育政策使得老龄化速度更为迅猛,1960—1980年,中国大概在二十年间就出生了2亿~3亿人口。那么在20世纪三四十年代这些人将全部成为老人。这些人群,以前对社会做出过贡献,但到了自身需要养老的时候,很多人却无法依靠子女来实现养老。这是因为大多数独生子女要考虑自己的事业、自己的家庭,没有精力来帮助父母养老。这些现实问题都促使他一直在思考,能不能找到一个模式来解决所有老人的养老问题,能不能找到一种方式让老人们更加快乐。因为现在老人的生活状态是对年轻人未来老年状态的一个折射。如果现在社会的老人生活不好,年轻人看到的都是老年人很可怜的场景,就会对未来失去希望。

谈义良回忆起第一次到养老院参观时的情景就颇为触动:"一进门就闻到浓浓的老人味,看到大多数老人都躺在床上,有的躺在床上一动不动,有的坐在椅子上发呆。没有几个护理员,老人没有活动,就一天吃三顿饭,有的时候护理员给老人打点水,基本上还不给,因为喝了水可能就会便溺在身上。这实际上就是吃饱穿暖等待生命的终结,这种感觉令人窒息。"养老院里老人的眼神深深地刺激了谈义良。他觉得自己的老年时代不应该是这样,应该是比他父亲还要潇洒——他的父亲88岁还在工作。他希望老的时候可以跟一群人在一起做自己想做的事情。谈义良在珠三角养老行业论坛发言中提到,他为自己制定了60岁以后的4个五年计划——智慧五年、奉献五年、回归五年、健康五年。从养老到教育,从教育到学习,他的出发点就是,让更多的人能够健康幸福地生活,可以不进或者晚进养老院。

(2)无良圆满使命感

对于谈义良来说,从地产到养老绝不是单一的二次创业,更是自己修复天良的开始,是重新诠释人生意义去服务社会及担当时代责任的机会,也是在为自己祈福。他在旅行过程当中写过很多书,出版过很多游记,一直在写一些反思,他觉得自己在创业的过程中犯下很多错误,有一天当看到"天良圆满"这四个字的时候,顿时醒悟,从此立志要利用未来的时间,尽量达成天良圆满。他将其视为自己的人生使命,也是要赋予九如城的企业使命。

谈义良经常用自己的名字来诠释自己的人生使命——"以义为道、以良为本",在他心灵深处,要用一生的道义来完成人生的义务。他立志用未来所有的时间去做志愿者,不辜负父母给予他的这样一种能量,这是他个人的使命。他坚信圣人之道,吾性自足,他相信一定能够达到这样的一种状态。在九如城的企业使命当中,"让天下子女尽孝有道,让阳光照进长者心田"也非常有意义。谈义良认为,从事养老行业之后就更能体会到生命与团圆的可贵。当他去到九如城养老院里看望老人,看到多数老人被家属接回家过中秋佳节,但仍然有些没有家属陪同的老人只能形单影只。那一刻他就觉得对老人来说,陪伴比什么都好。他也看到九如城一线员工舍弃了与家人团聚的时光,默默坚守岗位,组织丰富的联欢活动,与老人们坐在一起拉起家常、聊起天,欢声笑语充满整个养老院,如同和谐幸福的大家庭。目睹这些场景,他越发感慨自己所追寻的这份养老事业的崇高和伟大,希望能够倾听这些无声的呼唤,希望能像中秋月光一样将爱与温暖长照在老人的生命中,希望能把孝道文化传承好,守护"但愿人长久"的心愿,守护亿万家庭的幸福。

3. 企业家的成长经历

(1)家庭影响

谈义良的个人成长经历也为企业转型养老行业埋下了伏笔。

第二章　九如探索：为天下长者

谈义良这个名字，可能是他父亲给予他的一种期望——"以义为道，以良为本"。对于他来说，给父母最好的回报，那就是将这份道义传承，成为父母的骄傲，成为子女的榜样。他也在不停地思考如何才能做到这点，如何用自己的一生去为这个时代做出应有的贡献。

谈义良从小受到父母长辈言传身教的影响。祖父从商，解放前有将近五十家米铺，每到青黄不接的时候，他都会开仓济粮。解放后，祖父只留下一家米铺，其他全都送给政府。自记事起，祖母就教育他要怀有爱心，当我们有能力去帮助别人，就要对需要帮助的人施以援手，因为这样才会积累福报。祖母去世的时候，在场的所有村民都给予了"好人"的评价。谈义良就想，是不是到未来他去世时，社会也能给予他这样的评价——这是他追求的目标。谈义良父亲退休的时候就希望能够继续为民众做一些有益的事情。所以他退休后，就带领当地群众通过苗木经营改善生活，积极推动乡镇幼儿园和敬老院的建设。家庭赋予了谈义良内心善良的生命底色。后来转型做养老，很大程度上也得益于其父亲的感召和家庭的影响。

到现在，谈义良已经养成了习惯，每天都要学习，随时随地写感悟，目前已经形成了超过两百页的家书，有给儿子的，给妻子的，给父母。同时他每个月也会让员工写家书，帮助大家一起去寻找心灵成长的方向。

（2）时代影响

谈义良始终认为自己遇上了一个好时代，18岁时赶上改革开放，1993年便开始下海经商，可以说是真正参与到了这个时代的进步浪潮中。经过近30年的商海搏击，他见证了中国的跨越式发展。当事业小有成就的时候，他就想着成就自己的同时，也要去成就他人；在建设自己心灵品质过程中，也想到怎样帮助更多的人建设心灵品质。

在访谈中,谈义良特别提到两个重要的时间点发生的大事件,一是1992年1月的邓小平同志南巡讲话,二是2018年11月1日习近平总书记召开的民营企业座谈会。这两个时间点对谈义良的人生来说意义重大。正是在听到南巡讲话以后,他下海创业,到现在已经28年。他始终认为,有幸遇到这样一个伟大时代,更要读懂这个时代。习总书记讲话以后,民营企业家都很用心地在研究他讲话的内容。"三个不动摇、不改变以及六个政策",给民营经济发展带来春风。习总书记系列讲话一直是谈义良和九如城员工学习的重要内容。

因此,在这个和平发展的年代里,谈义良相信九如城能为祖国做的事情还有很多。这一辈的老年人大多见证了新中国的成立,共同参与了新中国建设,国家的繁荣昌盛离不开他们的奉献,能够为他们服务是谈义良和九如城的荣耀,也是一份沉甸甸的责任。在养老这条道路上,谈义良想用圣贤思想去服务更多人、成就更多人,坚定不移地做孝道文化的传播者、弘扬者与践行者,始终把国家富强、民族振兴、人民幸福作为努力志向。

(三) 模式探索

1. 养老综合体1.0版(以宜兴为例)

早在2009年,九如城就已经开启综合型养老事业版图,提出"养老综合体"概念,这在当时国内属于首创。养老综合体内配备六位一体模式——"医、康、养、教、研、旅",即融合了康复医疗、健康管理、养老服务、教育培训、科研创新、特色旅居的全流程综合型养老服务。

2013年4月,九如城首个养老综合体项目——九如城宜兴养老综合体在江苏省宜兴市开工建设。项目占地800亩,总建筑面积48万平方米，总投资额38亿元，提供2 500张养老及康复护理床位。项目集康复医院、VIP体检中心、养护院、颐养院、居家适老居住区、研究中心及商业配套于一体，同时运营康复中心、颐养中心、养护中心、护理中心、失智照料中心、体检中心、抗衰老中心、数据中心、研究中心、培训中心"十大中心"，将养老养生连为一体，践行主动积极养老的生活方式。项目具有独立生活区、协助生活区、专业护理区、老年失智照顾区和安宁关怀区等功能区，可满足老人全生命周期的养老需求。

以宜兴区域为例，"十四五"期间，宜兴60周岁以上的老年人口将突破33.6万人，占总人口的比重将超过31%，进入比较典型的老龄社会。目前，九如城已在宜兴运营10家公建民营养老机构（宜兴九福护理院347床、宜兴市新街九馨养老护理服务中心268床、宜兴市官林老年服务中心285床、宜兴市杨巷镇敬老院130床、宜兴市湖㳇镇敬老院204床、宜兴市高塍镇养老护理服务中心144床、宜兴市芳亭街道敬老院184床、宜兴市万石镇敬老院144床、宜兴市徐舍镇敬老院302床、宜兴市新庄敬老院192床）、1家共建民营机构（丁山养护院PPP项目1117床）、3家自建自营养老机构（宜兴市九如城养老护理服务中心1 030床、宜兴市湖父九如城颐养院有限公司312床、宜兴市官林护理院324床），共计14家养老机构，总床位4 983张。

九如城以养老综合体为资源载体，系统化解决区域内养老问题，将医养融合服务辐射到城市养老院，延伸到社区和家庭，能够解决90%的养老问题，全面践行"机构—社区—居家"的医养护融合，为家庭养老全服务打下了坚实基础。医养融合服务超越了单一提供养老服务的观念，不再是只提供日常生活照料、精神慰藉和文娱活动，还提供治疗、护理等服务。在这个过程中，通过整合医疗与养老方面的资源，医养融合社区服务在"医"与"养"融合的基础上，提供全类型医养服务，满足老人的"养老"与"医疗"需求。

九如城会定期开展健康讲座以及举行义诊活动，为社区老人提供健康咨询、血压血糖检测、肢体康复指导等医疗服务。同时与社区合作组建了健康管理站。将老人生活照料、康复治疗、健康管理相结合，实现养老服务和医疗护理的统一。针对失能老人，定期安排康复师为社区中风、脑梗后遗症老人进行康复指导及训练，为老人的健康提供系统、专业、完善的治疗及关爱服务。还建立了以家庭为中心的健康管理档案，针对老人和家庭制定健康促进计划和干预计划。

九如城还提供了幸福包、居家包、康复包、护理包，全方面关注老人，从养老到养心，确保老人有一个健康、幸福的晚年生活。在幸福包中，首推服务家庭概念，成立孝道课堂，让子女懂得孝顺，让老人领悟生命的意义，让家庭和谐幸福快乐。九如城还推出了"夕照青山明"系列学习课程，让老人从抱怨走向感恩，收获内心的幸福与圆满。在居家包中，引入优质居家产品，通过"居家服务＋居家产品"双供给，从而创造双盈利。通过功能评估、建立档案、定期巡诊，建立信任感和消费黏性，赢得好口碑。康复包主要为失能、半失能老人、高龄腿脚不便老人及康复需求老人提供上门康复服务。同时，选择疗效好、便于开展的康复服务进行推广；开展康复辅助器具租赁及辅具适配指导服务；在线开展康复咨询服务。还有针对失智失能老人的护理包，为他们提供专业的护理及医疗。同时与康复医院开展联合查房活动，进一步加强医养融合，打造医养融合的有机统一体。图2-3、图2-4展示了九如城养老综合体的发展逻辑和宜兴1.0的功能布局。

按照谈义良的构想，1.0版本的养老综合体模式，主要来自早期商业综合体的启发，称之为HOPSCA(即城市综合体)。九如城对养老综合体也构思了一个名字——"享清福"，早期包括了"医、康、养、教"等核心功能。养老综合体从1.0到2.0再到3.0，反映

图 2-3　九如城养老综合体 1.0—3.0 的发展逻辑
（资料来源：九如城公司内部资料）

图 2-4　九如城宜兴养老综合体功能布局
（资料来源：九如城公司内部资料）

了企业对养老行业认识的不断深化，更多的是对市场变化和客户需求的动态适应。九如城在实践中发现，很多的客户希望企业在 1.0 版本的基础上更加细化，进一步升级服务，更加注重数字化，特别是家庭教育这一功能模块。

总体来看,以宜兴为代表的九如城养老综合体1.0版本,主要有以下几个典型特点。

一是强调通过"医、康、养、教、研、旅"一体化,满足老人在生活方面的养老服务需求,侧重为进入老年阶段的人群提供生活方面的全方位照顾,老人精神层面的需求在当时考虑得相对较少,更多反映的是九如城养老服务产品从无到有、从局部片面到系统集成的过程。

二是充分体现了九如城将前期研究探索所形成的"乌托邦式"养老构想逐步实现的过程。九如城一共用了6年的时间来建立这个"乌托邦"。2009年开始讨论、研究、国内外考察、总结,2010年设计,2012年开工,2015年建成,2016年开始运营。由于前期经验相对不足,在规划设计及实施过程中难以做到轻车熟路,更多的是不断探索和试错的过程。例如,康复医院、养老院及养老公寓等各个模块的配比怎样最合适?床位数的设置应当是多少为最佳?这些都是在综合体真正运行后才逐步积累了一些比较成熟的经验。

三是自建自持,重资产运行。即养老综合体主要由九如城投资建设和运营,这主要与当时的地产发展环境和地方政府要求密切相关。在这种模式下,企业可以充分实施其发展规划,但同时资金压力也偏大,模式的复制与推广受到一定的限制。同时,当时的养老综合体住宅的比重较大,主要是因为当时整个大环境都在做养老地产,宜兴养老综合体1.0版本也包含了养老地产部分。但是,与其他企业名义做养老实质做地产不同的是,九如城宜兴综合体实打实地在做养老服务体系与养老服务功能,地产则成为支撑与反哺养老事业的其他功能模块。

四是综合体内部各功能模块之间的专业分工十分明确。综合体1.0版本内部的康复医院、养老机构、颐养公寓等功能模块的个体化特征非常明确,主要表现为独立个体的集成,行政管理一体化集成,但专业仍然是各自独立运行。

2. 养老综合体2.0版(以徐州为例)

前期累积经验后,九如城对养老综合体的发展理念持续升级,九如城云龙康养中心于2016年成立,是徐州市云龙区公建、九如城运营的养老机构。项目占地面积24.8亩,建筑面积39 068平方米,总床位546张,其中养老床位446张、医疗康复床位100张,对外以康养中心(养老院)和康复医院运营,对内以九如城医养结合体运营。云龙康养中心是九如城展示给徐州老人、徐州社会、徐州政府的第一个项目。九如城云龙康养中心的基本模式如下。首先在管理架构上进行融合,九如城在康养中心(含养老院和康复医院)只设一位院长,康复医院和养老院各设一位副院长,后勤主任直接由院长直管,负责整个医养融合体后勤工作。其次是融合健康管理、康复体系、养老体系,三体合一,相互支撑,协同共生,解决客户全面需求,最终要促进彼此发展,形成正能量循环。再次是制定全员医疗知识和技能培训、混合培训计划,一专多能。针对员工50%以上没有医学知识背景的实际情况,康养中心一到两周安排一个题目,由康复医院医师、护士进行医学知识讲座和技能培训。最后是保障联合查房、定期巡诊制度。对康养中心入住老人,康复医院医师每天巡诊一个区域,保证每周所有入住老人都能被巡诊一遍,及时发现症状不明显的患病老人,以便及时就医。

九如城与徐州泉山区共建的养老综合体项目,规划建设总面积7.8万平方米,计划投资约4亿元,以养护中心、康复医院、颐养中心、失智中心为四大主体,配备商业、老年大学、公园等单元,互为价值链,采用综合养老、医养结合的新模式,为老人提供日常生活照料、医疗卫生、康复护理、精神慰藉等一系列专业养老服务。

九如城借助宜兴养老综合体的成功建设运营经验,以医、康、养融合的创新模式将徐州项目快速推进,医疗线、医务线以及养老人才储备教育线齐头并进,打造徐州特色的养老综合体新模式。

作为养老服务综合运营商,九如城以泉山区养老综合体为资源载体,作为徐州九如城养老服务的支撑和保障,通过共建民营、公建民营、自建自营、委托运营等多种形式连锁运营城市养老院项目,将养老服务延伸到徐州地区的城市养老院、社区和家庭,推动徐州地区养老服务业的发展,积极践行"养老综合体—城市养老院—社区养老—居家养老"四级养老服务模式连锁化布局。九如城计划用2~3年的时间,把徐州建设成为全国性养老服务体系示范地。九如城的设想是利用徐州新城区的一个项目(约270亩地)来做升级版的养老综合体,利用泉山、云龙两个项目来做支撑,再加上鼓楼、铜山两个项目。这样,在徐州就形成一个养老综合体,3~4个(最终4~5个)城市养老院的整体养老体系架构,从而把九如城的城市养老核心价值体现出来。图2-5是九如城泉山养老综合体的功能布局。

图2-5 九如城泉山养老综合体功能布局

(资料来源:九如城公司内部资料)

总体来看，按照谈义良的设想，到了养老综合体2.0版本，应该"去地产化"，强调做养老而不是做地产，当然这很不容易。综合体1.0主要还是养老地产，在做的过程中对养老四级体系进行深化，在此过程中不断加强对养老的琢磨与理解。实际上九如城从2016年开始就已经着手布局2.0版本的养老综合体，徐州泉山项目和鼓楼项目，包括后来的成都武侯项目、铜陵项目、嘉兴项目都是其典型代表。这一版本的目的就是尝试"去地产化"，并且产品由原来的十大中心变得更少，着重聚焦为三大产品，即康复医院、护理院、养老公寓。九如城对于综合体2.0版本的推进也花费了三到四年时间。

因此，以徐州为代表的养老综合体2.0版的典型特点如下。

一是去地产化。这主要是基于当时社会大环境对养老地产项目存在问题的反思，不少地产开发商打着做养老的幌子，实质是销售房产，养老服务配套很少或根本没有落地。九如城应地方政府和大环境的要求，在以徐州为代表的2.0版本综合体建设中就尝试"去地产化"，重点聚焦养老服务体系的建立及运营。

二是产品线精炼浓缩，更为聚焦。2.0版本的综合体总体上更加小型化和紧密化，康复医院和养老院集成在一起，变成"院中院"的管理模式，也就是在养老综合体建筑内，既有康复医院，也有养老院，所有的行政后勤全部一体化，打通行政管理的相关环节，进而有效提升整个管理和运行的效率。

3. 养老综合体3.0版（以佛山为例）

九如城最早的综合体3.0版本最初规划在江苏昆山，但由于一些不可控的原因，最终在其他地区首先启动了3.0版本项目的规划与建设。目前九如城一共规划了6个3.0版本的综合体项目，其中4个项目已经比较明确能够落地，比较有代表性的是佛山项目，这些项目目前都在紧锣密鼓地开展规划与建设工作。

按照谈义良的设想,养老综合体3.0与之前版本的差异主要是在于数字化、服务化和家庭化这几个层面的加强。从1.0—3.0的一个基本思路是产品升级,出发点逐步从企业自身过渡到客户需求。1.0—2.0的时候,主要是从企业自身出发,担心舆论认为企业是"挂羊头卖狗肉",做的是当时名声不太好的"养老地产",因此努力去地产化,向社会表明九如城是真正在做养老服务与运营。后来在建设实施过程中发现,九如城的客户还是喜欢有地产的综合体,因此在3.0版本中又实现了一定程度回归。不少客户有房产购买能力,购买房产后期望在未来也能够享受综合体的养老服务、医养服务及其他配套服务。

此外,综合体3.0版本还要着重把养老教育的成分提取出来,把教育贯穿在九如城标准化的服务过程中。从人到硬件,从设计到人员的要求,到管理的结构,再到所有的服务都将采用教育和学习的方式。

因此,九如城养老综合体3.0版本的典型特点如下。

一是在经营理念上从以企业为出发点转变为以客户为出发点,针对客户需求完善产品内容与功能设置,如适当增加了地产的产品内容。当然,3.0版本不是对2.0版本的完全替代,九如城强调要根据不同区域的具体情况和需求,配置不同的产品来予以有效对接。

二是数字化、服务化与家庭化的增强,主要是围绕这些方面进一步丰富与完善综合体的功能、效率及服务品质。

三是教育功能的增强。九如城逐步意识到养老就是教育,也就是要通过教育功能转变老人及家属对生活质量、生命价值及幸福的认识。相对于以往版本的综合体侧重生活方面的照料与物质层面的养老服务,综合体3.0版本产品将更为重视老人及家属精神层面需求的满足与引导。图2-6是九如城佛山未来健康城的功能布局。

图 2-6　九如城佛山未来健康城功能布局

（资料来源：九如城公司内部资料）

4. 养老综合体 4.0 版（以幸福社区为例）

（1）综合体 1.0—4.0 的发展逻辑

九如城宜兴养老综合体是 1.0 版本，2010 年设计，做了 6 年，到 2016 年才有 2.0 版本，主要是在徐州泉山。2016 年到 2020 年推出了 3.0 版本，九如城在未来的三年当中有 5~6 个 3.0 项目，而 2.0 项目则有 4~5 个。前面用 6 年时间，实现从 1.0—2.0 版本的迭代，后面再计划用 4 年时间完成 1~2 个 4.0 版本项目。这就是九如城养老综合体发展的一个基本时间轴。4.0 版本将会从养老综合体进一步发展成为美好社区或幸福社区。对于九如城来说，不变的是始终围绕着养老这一核心需求，变的则是产品与服务的模式在不断进化升级。

在谈义良看来，综合体 1.0—2.0 版本的变化，主要是规模和产品的问题，到了 3.0 版本，其核心是数字化，而 4.0 版本就是实现"美好"——美好生活、美好家庭、幸福社区。谈义良对幸福社区的构想主要有四个来源,分别是霍华德的《田园城市》、陶渊明的《桃花源记》、当代的《城市的胜利》和《规模》。其中描述了美好生活的场景,展现了人们向往的一种很有意义的生活方式。从规模化到数字化再到人性化,人性化就是追求美好和幸福,美好就是从家庭开始组成社区。

到了综合体 3.0 版本,服务将会更加便捷,数字化深度嵌入到家庭与生活场景。到 4.0 版本,按照谈义良的理解,人们追求家庭幸福,不再是有多少钱的问题,家庭幸福将会是一家人很开心地在一起,说说笑笑,所有人都能讲出心底里开心的事情,因此家庭教育和家庭建设是实现美好生活的一个重要载体。

图 2-7 是九如城产品体系发展路径。总结起来,综合体 1.0—2.0 侧重的是空间与规模,希望能够服务更多的人群,有更多的人能够进入综合体提供的生活方式中,也即原来主要是居家养老,现在老人进入九如城的养老综合体进行养老,生活空间发生变化,但可能在生活本质上并没有太多变化。2.0—3.0 版本则是强调提升生活能力或者是进一步增强对老人的服务能力,因为综

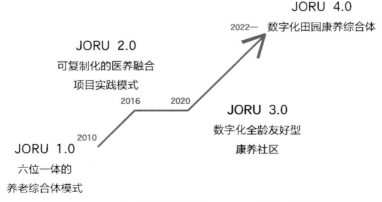

图 2-7 九如城养老综合体 1.0—4.0 的发展路径

(资料来源:九如城公司内部资料)

合体通过数字化手段,能够从根本上解决对养老人群的服务能力问题、效率问题、便利性问题。如果 1.0—3.0 的前三个阶段侧重的是人与空间和人与物的关系,那 4.0 阶段就是聚焦人与人的关系,侧重于人和人之间的互动性及关系的和谐度。1.0—4.0,就如同树木的成长一样,最终要回归到满足人性需求的层面。这需要人来创造,而不是简单地通过轮椅或者养老床位来实现或满足。这就是九如城养老综合体 1.0 到幸福社区 4.0 的基本发展逻辑。

(2) 幸福社区 4.0 的构想

谈及对 4.0 幸福社区的起心动念,谈义良认为源于新时代的新目标,源于习近平总书记的语录——"人们追求美好生活的向往就是我们奋斗的目标",他讲的是全中国人民要去做的事情,未来国家也会朝着这个方向去努力。另外我国 2020 年全面脱贫走向小康,之后走向现代化,老百姓的美好生活梦想将会逐步实现。

对于谈义良来说,实现美好生活最重要的就是要有幸福家庭。幸福家庭将会组成美好社区和美好社会,进而会推动人类文明进步。这些构想源于 2019 年下半年,后来因为抗击新冠肺炎疫情,谈义良亲自带队赴武汉驰援,进而引发了一系列的思考:一个城市到底最需要什么能力?一个城市是否经得起折腾——即是不是韧性城市?城市的避灾能力和防控能力如何?

对于如何解决这些问题,谈义良提到以前阅读的一些书籍给了他很多启发,他意识到城市多中心化的重要性,如果都集中于城市内环核心区,一旦出现灾害就会非常脆弱。

九如城前期参与过一些小镇规划与建设。小镇当初设计的时候是 3 万～5 万人口的规模,生活设施配套齐全。通过数字化等手段完全可以展现一个全新的小镇生活面貌与幸福场景。

基于此,九如城启动了幸福社区 4.0 的规划。首先是以"医康养"为载体,医院、健康管理、养老服务,这是九如城最突出的核心能力。其次,要实现从养老到教育,从教育到学习,这里面的层次比较多。第一个层次从养老到教育,主要是指老年教育,要充分发挥老年人的价值,建设二十年生命教育,这些老人原来是九如城的客户,现在将会转变为生命教育的同学。第二个层次从教育到学习,更多地涉及整个家庭的学习问题,因为幸福社区的载体就是幸福家庭。家庭可能不太适合采用教育的模式,像老师那样给家庭成员讲课并不一定能够被所有人接受,但大家一起共同学习是可以的。家庭学习包括了很多内容,如传统文化传承和家庭成员的成长等,可以建立家庭学习中心,帮助大家成为合格的父母、合格的子女,懂得如何教育培养第三代等。此外,还可以建立相应的邻里(关系)促进中心。中国社会在历史上最稳定的结构是农村大家族,邻里乡亲相互支撑,即使家庭出现矛盾和争吵,隔壁邻居来劝和,也很容易解决问题。但是,随着现代化与城市化,这些情景现在已经很难看到。通过学习中心与邻里中心,可以推动整个家庭生活场景更加的人性化,在一定程度上可以回归原来中国社会最纯真的人际关系氛围。图2-8、图2-9是九如城幸福社区4.0的

图 2-8　九如城幸福社区 4.0 的核心场景

(资料来源:九如城公司内部资料)

第二章 九如探索：为天下长者

图 2-9 九如城幸福社区 4.0 的产品体系
（资料来源：九如城公司内部资料）

核心场景和产品体系。

九如城还设想在幸福社区 4.0 中规划农业和现代化商业进行配套，同时有医院、学校、工厂、农场等，形成集工作、学习、生活为一体的综合性社区。这里还会有创业中心、创业孵化器、商业联合体。还可以采用一些创新的创业型商业模式：假如某个居民想开餐厅，他自己只用出资 60%，另外 20% 由全部商家共同出资，还有 20% 由客户出资，相当于"众筹"模式。这样的 4.0 社区，占地约 1 500 亩，总共约 130 万平方米，其中 100 万平方米是住宅，30 万平方米集合了"农、工、商、学、医、养"等多种功能与业态，大致约 1 万户居民，相当于一个拥有 4 万人口规模的乡镇。

九如城初步测算了 4.0 社区的工业体系、农业体系和服务体系，如果按照大致 25% 的老年人占比，那么 60 岁以上的老年人可能就有 1 万人，其中最起码有 3 000 人可以担任志愿者，他们可以来创业，可以做他们喜欢的事情，比如开饭店、自行车修理铺、服装店、理发店等，社区 4 万人的消费足够支撑社区商业的运转。在 4.0 社区中会有很多的生态系统来支撑这个体系，比如有粮食加工厂、面粉加工厂、粮仓，有灾难的时候粮食可以自给和循环，还有水资源的循环体系等。这就是九如城幸福社区 4.0 版本的理想蓝图,未来将在规划与实施中不断优化和拓展。

三、九如模式构建

(一)国内外养老行业发展模式比较

1. 蓝城集团

蓝城集团的前身是 2010 年 9 月成立的绿城房产建设管理有限公司。蓝城集团以"美好生活综合服务商"为战略指引,致力于成为"中国首个基于 C2B 逻辑的地产服务移动互联平台",实现打造"中国第一生活服务品牌"的战略目标。蓝城集团将产品和服务作为自己的核心竞争力,在极强用户黏性的基础上,与康养、教育等头部专业机构强强联合,延伸服务和价值链条,主要涵盖了"医疗健康、养老、教育、农业"四大核心产品。[①]

其中,医疗健康业务版块包括两大部分。一是医疗服务。蓝熙慢病管理,主要功能为智能数据采集、家庭医生监测干预、数据实时推送家人;蓝熙远程医疗,即社区内的大医院;蓝熙海外诊疗提供"一站式"海外专家私人诊疗以及蓝熙健康体检。此外,还包括健康体检、运动指导、居家护理等。二是以"科学饮食,健康生活"为愿景,现代生命科学、基因学、中医理论和大数据技术为核心支撑,通过对每个人不同的体质判定,推动并改善人们的饮食方式,为健康生活方式提供大数据服务和具体解决方案。

蓝城集团的养老业务版块主要由蓝城房产建设管理集团有限

---

① 凤凰网:《蓝城集团文旅及农业研究》,https://ishare.ifeng.com/c/s/7qYEyP4igWC,2019 年 10 月 6 日。

公司与绿城房地产集团有限公司共同出资成立的绿城养老服务集团(杭州)有限公司运作。下设绿城颐乐教育投资有限公司和杭州颐居投资管理有限公司,分别致力于社区养老服务及机构养老服务;同时与雅达国际(由 IDG、红衫资本、云锋基金等投资的健康养老行业基金管理公司)合作开发有乌镇雅园的颐养房产项目。蓝城养老板块的构架以养生养老项目开发、学院式养老社区运营、养老护理服务及运营三大部分为主。

蓝城颐养首创中国学院式养老模式,其核心要素是"颐乐学院",即以学院式的组织方式,围绕"颐、乐、学、为"四个核心要素,构成园区内老年人的日常生活形态,开展适合老年人身心健康的各类活动。旨在让老人享受专业高效的医疗健康服务、舒适周到的居家生活服务、丰富多彩的交流活动服务、精致全面的文化教育服务,重构老人的晚年生活。在学院式养老社区的营造上,乌镇雅园打造了3.5万平方米的颐乐学院,居住者可以通过办理月卡或者年卡来上老年学校,享受社区服务。

2. 太保家园

中国太平洋保险(集团)股份有限公司是国内领先的综合保险集团,其下属的太保养老行业投资公司,在全国重点城市打造"太保家园"系列高品质养老项目,并通过开发与养老社区入住及相关服务挂钩的保险产品,打造"专属保险产品+高端养老社区+优质专业服务"的新型业务模式。保险公司布局养老行业本身就具备天然契合的内在逻辑。从资产端看,养老行业投资具有高投入、长周期和稳回报的特点,和保险资金的特性高度匹配,可以为保险公司获取穿越经济周期、稳定的投资回报。从负债端看,保险企业布局养老行业能有效延长产业链,实现对客户的全生命周期覆盖,既可带动保险产品的销售,还可带动下游的老年医疗、护理服务、慢病管理、智能养老等产业,增加盈利渠道。

太保投资养老行业的初心和出发点是助力寿险主业的发展,以积极构建"保险+健康+养老"新模式,打造太保寿险的第二增长曲线,即延长寿险产品服务的产业链,提高保险客户的忠诚度。目前,太保家园主要有三条产品线:乐养社区、颐养社区、康养社区,分别针对不同年龄段和不同身体状态的长者。其中,乐养社区面向55~69岁的低龄老人,设计开发度假型产品,以旅居候鸟式养老业态为主;颐养社区面向70~79岁的中龄老人,设计开发城郊型产品,以健康活力养老业态为主;康养社区面向80岁以上的高龄老人,设计开发城市型养护产品,以康复护理业态为主。[①]

太保家园的养老社区是涉及"硬件+软件"的综合体。在硬件上主要体现智能化,定位为中高端;在软件方面主要是与法国欧葆庭集团合作。该集团覆盖全球22个国家,是第二届上海进博会上唯一一家康养服务参展商。在运营方面主要关注两大服务:一是医疗护理和康复,二是文化娱乐。这些服务也是长者购买和入住养老社区的主要触点。

3. 泰康之家

"泰康之家"是泰康保险集团推出的保险养老模式。2016年年底,泰康人寿集团化改组为泰康保险集团股份有限公司,确立的新定位是为日益增长的中产人群及家庭提供全方位健康和财富的管理与服务;确立的新愿景是坚持专业化,深耕寿险产业链,从摇篮到天堂,让保险更安心、更便捷、更实惠,让人们更健康、更长寿、更富足,让泰康成为人们幸福生活的一部分;而确立的新战略则是致力于成为全球领先的保险金融服务集团,提供保险、资管、医养的全方位服务,依托"活力养老、高端医疗、卓越理财、终极关怀"四

---

① 吴国栋:《"保险+养老"成为保险行业的标配》,https://new.qq.com/rain/a/20201026A0CSZG00,2020年10月23日。

位一体的商业模式,打造 O2O① 大健康生态系统。泰康保险集团目前的核心业务版块主要包括保险(泰康人寿、泰康养老、泰康在线)、资管(泰康资产)、医养(包括泰康之家、泰康健康管理)。

"泰康之家"由成立于 2009 年的泰康保险集团旗下的健康产业投资运营子公司——泰康之家投资有限公司投资管理。其秉承"活力养老、高端医疗、卓越理财、终极关怀"四位一体的商业模式,坚持"市场化、专业化、规范化、国际化"理念,快速布局医养产业,目前在全国已布局 8 个医养实体项目,总投资额达到 203 亿元。"泰康之家"不仅仅只建立实体医疗社区,其发展构想是建立一个立体保险养老模式,核心业务体系涵盖活力养老、高端医疗和企业社区投资②。"泰康之家"主要定位于高端养老,其核心商业模式是打通"保险+大健康服务"循环:一是深耕保险主业,创新产品内涵;二是推动泰康资管投资获得高收益,吸引大企业参与年金服务和团体保险;三是精准网罗中产人群,针对中产人群打造大健康产业链,发掘顾客终身价值。目前泰康养老社区已完成北京、上海、深圳、广州等 19 个核心城市布局。北京燕园、上海申园、广州粤园、成都蜀园、武汉楚园和苏州吴园等养老社区相继启动运营。

4. 中大金石

中大金石集团的前身为中大房地产集团,始建于 1992 年,是上市公司、世界五百强——浙江物产中大集团的重要成员企业。2016 年,中大金石集团全面调整主业定位,从传统房地产开发迈向"不动产金融+运营服务",致力于成为国内领先的老人美好生

---

① O2O 是 Online To Offline 的缩写,即线上到线下,指将线下商务机会与互联网的结合。

② 刘牧樵:《解读"泰康之家"保险养老模式》,https://www.cn-healthcare.com/articlewm/20170826/content-1017075.html,2017 年 8 月 26 日。

活服务商和资管价值创新者。①

中大金石集团积极融入浙江物产中大集团"一体两翼"战略,以"轻资产、重运营,大平台、小前端"为总体原则,以产业基金为纽带,开展资产经营、资本代建、养老服务、物业服务四大系列业务,以产融结合、有限多元的业务格局,"公司+基金"运行的经营架构,向中国不动产金融及运营服务商的第一方阵迈进。中大金石集团旗下的养老事业部致力于五星级养老机构和社区养老服务机构的开发运营,同时还提供养老机构建设咨询服务,以高端养老、医养一体养老等特色为品牌优势,实施品牌输出。

在养老领域,中大金石现有在杭州的朗和、朗颐两大养老机构已经获得社会的认可。到2021年,中大金石的养老行业将全力推动"四个一"目标的实现:创建一个品牌(中大"颐·和·园");形成一个规模(一万张床位);构建一个服务规范(中大金石养老服务标准);完善一种商业模式(以养老教育为先导、养老服务为核心、养老医疗为依托、养老地产为支撑、养老金融为保障、养老智慧平台为补充的"六位一体"养老供应链集成服务商业模式)。

5. 亲和源

亲和源集团有限公司是一家专门从事高端养老社区投资、开发、建设、运营及养老行业发展的社会企业。公司创建于2005年,已在上海、海南、杭州、青岛、宁波等十一个城市,发展了十余家老年公寓。早期亲和源将自己定位为"开发+运营"的重资产模式,后期在业务拓展方面,已经开始通过实践"轻资产+输出服务方式"的模式来盈利。②

---

① 中大金石公司概况,https://www.zhongdajinshi.com/about.aspx,2021年6月21日。
② 奚志勇:《亲和源的养老服务模式》,http://www.jssfxw.com/97011,2014年6月12日。

亲和源的养老服务主要有六大特色①。一是秘书式服务,独创秘书式服务体系,生活、快乐、健康三大服务版块相辅相成,为会员提供全方位、无微不至的养老生活服务。二是会员制文化,甄选出具有相同价值观及认可亲和源文化的会员,采用会员理事会的管理模式,凝聚成一个志同道合的大家庭。三是俱乐部资源,联合如老年大学等各类老年机构,根据会员的兴趣爱好,整合如门球、健身、游学、游艇、温泉等资源,为会员提供各项内外部交流平台。四是全国性旅居,亲和源集团在全国已有13个养老住区,分布在上海、青岛、杭州、三亚等11座宜居城市。五是宜老化智能社区,在建筑设计、空间布局和适老化改造中进行智慧化升级,用"互联网+宜老化+智能化"的理念,让为老服务更细致、更贴心。六是信息化管理,通过信息化管理技术实现会员大数据跟踪,并根据数据细分会员,实施精准营销与精准服务。

6. 美国太阳城

美国太阳城(Sun City)是全美最大的老年社区之一,是世界上著名的专供退休老人居住和疗养的社区。它最早位于佛罗里达州坦帕市郊,由 Del Webb 公司于1961年开始建设,占地10平方公里,太阳城中心历经40年的开发建设,目前有来自全美及世界各地的住户约17 000名,入住居民平均年龄为75岁。太阳城已成为美国开发老年社区的著名品牌,并已在美国开发了20多个以太阳城命名的老年社区,其中占地面积在20平方公里以上的老年社区有亚利桑那州、加利福尼亚州以及佛罗里达州的太阳城。②

---

① 亲和源爱乐之家:《特色养老,父母的养老天堂》,https://www.sohu.com/a/253499336_750709,2018年9月12日。
② 雅达观察:《国外经典养老机构介绍——美国太阳城》,http://www.ydholdings.com/news_detail/1852.html,2019年1月7日。

太阳城内部划分六大居住区，分别是"太阳城中心"（独栋别墅）、"国王之殿"（连体别墅）、"湖中之塔"（辅助照料式住宅和家庭护理机构）、"庭院"、"阿斯顿花园"（出租的独立居住公寓）、"自由广场"（辅助照料式住宅和家庭护理机构）。各个居住区享受着共同的公共基础设施，包括医疗机构、银行、超市、娱乐设施、健身馆等。社区还配备老年大学、进修班等文化配套设施，提供年长人士学习和交流的机会。

太阳城在设计上也极具特点。一是在选址方面，考虑到居住人群多数是消耗积蓄，一般选择土地价格低廉的郊区位置。这样可以大幅度降低房价带来的压力，对老人有较大的吸引力。太阳城本身不配备专业医疗设施，其选址时考虑医疗设施位置，降低开发成本的同时满足年长人士医疗需求。二是选址环境开阔，能够更好地营造舒适的居住环境。三是客户定位精确。太阳城规定只有年纪在 55 岁以上的老年人才可以申请入住，如果老年人需要家人的陪护，18 岁以上的陪护人员每年的陪护时间不得多于 30 日。主要针对 55~70 岁人士，这类群体相对年轻化，具有良好的经济基础和身体状况，同时具有强烈的社交和娱乐需求。太阳城的收益主要来源于两个方面：出售房产所获得的一次性收入，通过销售迅速收回开发成本；出租房屋所带来的租金收益以及各类设施使用带来的租赁收益。

7. 日本日医学馆

日本是世界上最为典型的"老龄国家"之一，也是世界上人口老龄化程度最高的国家。日本养老服务机构大致分为多功能型居家护理、看护疗养型医疗设施、和收费老人院三类。不同类型的机构定位于不同的客户，其中最具代表性的日医学馆（Nichii Gakkan Company），是日本综合排名第一的养老服务类公司。日医学馆成立于 1973 年 8 月，于 2002 年 9 月在东京证券交易所（一部）上市，该公司以医疗业务为创业开端,后来逐渐扩大业务范围至看护、保育、人才培养、家政代理、教育、外语等领域。截至2020年3月,日医学馆的资本金达到119亿3 300万日元,销售额2 979亿日元,员工35 185名,服务业务人员53 583名,开设有5家分公司,94家分店和10个营业所。①

日医学馆以医疗、看护、教育三大事业为主要支柱,所提供的服务涵盖了以下领域②。一是医疗事务相关事业,服务对象包括医院、诊所以及药房,服务种类包括各种医疗事务,医疗用器材的消毒和灭菌,药剂与物品等的物流管理,经营咨询,各种医疗系统及事务管理系统的经营支持和诊疗辅助服务。除了医师、护士所从事的医疗行为之外,提供医疗机构运营管理整体的外包服务。二是看护事业,包括上门看护等居家型看护服务、收费养老院等居住型看护服务以及在全国范围内提供残障福利服务等。三是健康护理事业,主要面向从儿童到老年人的各种人群的生活,提供广泛支持的各种服务,包括以"日医生活""日医家务"为品牌的家政服务、育儿服务、看护保险外看护服务,拥有自有品牌PiPiHAPPi纸尿裤、排泄护理用品的销售,以及促进老年人积极向上生活的会员制网站(Active Senior Net)。四是教育事业,在全国日医学馆的教室举办医疗事务、看护资格、各类资格及生活技能培训的讲座,开办语言培训学校"COCO塾""Gaba"等,广泛开展符合时代需求的教育服务。五是保育事业,将"培养温柔善良、坚韧不拔的生命力"作为理念,以"日医儿童(Nichii Kids)"为品牌的直营保育园运营以及其他各类保育园的运营支持等。

---

① 日医学馆公司简介,https://www.nichii.net.cn/aboutus/,2020年3月30日。
② 亲亲宝贝网:《从日本带来"自立支援"介护的日医学馆》,http://www.qbaobei.com/jiankang/873103.html,2017年6月30日。

8. 模式比较与总结

上述养老行业发展模式大致可以分为几大类型。一是地产公司拓展养老业务，打造持续照料退休社区（CCRC），通过为老年人提供自理、看护一体化的居住设施和服务，使老年人在健康状况和自理能力变化时，依然可以在熟悉的环境中继续居住，并获得与身体状况相对应的照料服务，典型如蓝城集团、中大金石集团和美国的太阳城。二是保险公司发展养老业务，主要是依托保险公司的强大资金实力以及保险业务的协同效应，定位于高端人群，为其提供高端养老服务与产品，典型如太保家园和泰康之家。三是医疗机构拓展养老业务，主要是依托医院的医疗资源支持，着重发展医养融合的相关养老服务，例如日本的日医学馆，是从医疗委托业务拓展到养老业务领域。其他还譬如上海闵行中心医院投资1.2亿元建设的君莲养老服务中心，是国内第一家由医院投资、管理的公立养老机构，这一拥有500张床位的养老机构由医院专业护理团队提供服务，除了在医疗康复、慢性病防治上具备优势，还提供理疗、补牙、体检等个性化服务。国内公立医院由于医疗床位紧张，几乎很难有空余床位可以用来做养老床，因此民营医院投资养老行业的空间将更为广阔。例如，福建漳州的正兴医院将老年病科穿插在正兴新来福养护院当中，探索"医养结合"养老新模式，推出"有病看病、无病养老、生活照料、身体康复和临终关怀"融为一体的高端养老服务。四是针对专业细分市场所提供的养老服务，例如针对活力老人提供的健康管理、养生保健、老年大学等服务。相关市场主体根据不同的细分服务种类，涵盖了医院、养老机构、旅游公司、房产公司、教育机构等多种类型。

总体来看，已有的养老行业发展模式呈现出一些典型特征。一是大多与市场主体的原有主业高度关联，如房地产开发、保险、医疗等，主要侧重对原有主业的拓展与支撑，养老业务的专业性不足,在养老运营方面或多或少地存在一些短板。二是养老服务的功能相对单一化,缺乏"医、康、养、教、研、旅"等多种服务产品的体系化集成与协同。三是普惠性不足,很多发展模式主要面向中高端人群,针对普通人群的养老产品及服务相对不足,普惠性养老发展模式亟待进一步探索与发掘。图2-10是当前中国养老行业的主要发展模式。

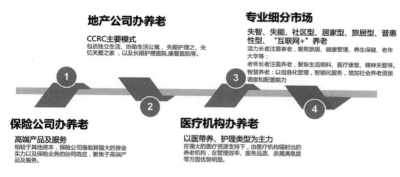

图2-10 当前中国养老行业的主要发展模式
(资料来源:九如城公司内部资料)

(二)九如模式

1. 模式构想

九如城在转型养老行业的过程中一直在探索适合企业的独特商业模式,也产生了相应的模式构想。

第一是要体现"价值共赢",也就是希望自身的商业模式能够很好地实现时代价值、社会价值、行业价值、企业价值、家庭价值与个人价值的和谐统一。这是九如城所追求的终极目标。时代价值就是要做符合时代发展规律的事情,而人口老龄化背景下养老服务业的加速发展就是大势所趋;社会价值就是实现养老的普惠,让更多的老百姓能够享受负担得起的优质养老服务;行业价值就是要努力实现养老行业的共生发展和高质量发展,共同推动行业的整体进步;企业价值就是希望实现九如城的持续成长,做到基业长青;家庭价值就是努力通过对老人的优质服务进一步推动家庭的和谐与幸福;个人价值则体现在不同的层面,一方面是企业家对社会责任、生命价值与人生意义的更高追求,另一方面是员工的服务也要体现个人价值,除了养家之外,也应该有一定的期盼与信仰,比如自身的工作能够得到社会更多的尊重,还可能希望能够通过自身有意义的工作及付出获得回报等。此外,个人价值还应当针对老人及其家属,老人在九如城的养老机构中能够安度晚年,而不是传统养老机构中浑浑噩噩的生存状态,那么他的生命价值就会得到提升,其家人也会感到宽慰与幸福,家庭生活得到改善。

第二是要突出"运营优势",也就是商业模式要凸显九如城在养老行业多年的运营优势与经验。九如城是从原来的地产开发商转型而来,目前是养老事业的运营商,已经积累了十多年的运营经验。其中"医、康、养、教、研、旅"的六位一体和养老四级体系是核心优势,也是运营的强大支撑。因此,九如城在设计商业模式时的切入点就是养老运营这一重要环节。这也是九如城建设幸福社区时区别于其他同类企业的主要特色优势。其他一些涉足养老行业的企业仍然是从开发到开发,没有像九如城这样从开发到运行再到开发。始终走开发路线,没有经过充分运行这一关键环节,这将极易导致很多项目建造完成后最终无法落地运行。九如城早期做养老,也经历过这样从未知到已知的探索过程——项目建设的时候也难以确定是否能够运行起来。现在很多企业开发建设养老空间,对能否运行并没有充分信心,也不清楚项目运行后产生的客户价值,而九如城所有的客户价值都扎根在运行层面,有丰富的运行经验与完善的体系进行支持。相对于其他企业,九如城已经跳出了单纯"开发"的传统项目发展模式,通过多年的运营积累了丰富的经验,这是九如城商业模式设计时需要着重体现的优势与特色。

第三是要展现"美好蓝图"。九如城对商业模式的构想是围绕构建美好社区或者是幸福社区展开的,这也是九如城综合体4.0版本的主要内核。谈义良最早绘制了一张草图,画的是他心目中对未来幸福社区的一些构想,这些构想浓缩出来就变成了九如城4.0产品的标识。这个社区包括了家庭学习中心、孩子成长中心、邻里促进中心、社区治理中心,是对美好生活描绘的蓝图。这个社区里的家庭都是特别幸福的家庭,里面入住的老人和孩子乃至所有的人都会感到特别幸福。幸福社区就是希望里面所有人都幸福,所有的设施也都是围绕幸福而去设计和设置的。

同时,九如城商业模式的特色也涉及模式背后的心灵格局问题,也许其他涉足养老领域的企业和九如城都有类似的产品,都提出要成为幸福生活的运行商,但大家对"幸福"的理解可能存在差异,九如城依托多年的养老行业运营经验十分清楚地理解中国人对幸福的期盼,也更懂得如何着手去帮助家庭构建幸福生活。从这个意义上来说,幸福社区项目的硬件(如房屋及设施等)也许在不同企业之间没有太大区别。但从运营的角度来看,"幸福"是运营出来的,不是建造出来的,要清楚地了解客户的预期以及准确把握未来家庭生活的场景形态,这些都要依托多年的运行经验,不断地探索与提升。相比较而言,很多企业对于这样的运行流程并不熟悉,也很难看到真正意义上的养老体系运行。实际上,目前有相当多的企业仍然停留在对国外养老模式的简单照搬阶段,寻求对硬件环境的改造来改变社区,进而开发房地产,真正将养老机构、医院等服务载体有机嵌入并实现协同发展的还十分少见。

2. 模式特色

如图2-11所示,基于对九如城商业模式的深入研究,可以将其商业模式——"九如模式"的特色归结为:

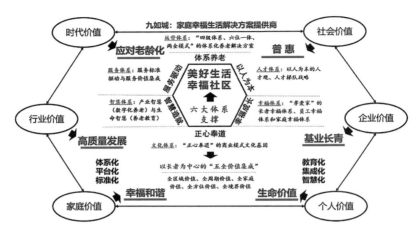

图2-11　九如模式架构:"六方价值共赢、六大体系支撑、六化协同互动"

着眼于实现时代、社会、行业、企业、家庭和个人的"六方价值共赢"及打造"美好幸福生活"的使命目标,九如城定位于家庭幸福生活解决方案提供商,通过"六大体系支撑,六化协同互动"的商业模式运行,为中国社会的养老痛点问题提供普惠性的体系化解决方案。

第一,九如模式努力追求"六方价值共赢"和"五全价值集成"。这体现在两个层面。一是强调九如城要努力实现时代价值、社会价值、养老行业价值、九如城的企业价值、家庭价值(长者家庭和员工家庭)和个人价值(包括企业家、员工以及客户)的和谐统一与共赢,这是九如模式运作的终极目标之一。二是强调九如模式要努力成为家庭幸福生活解决方案提供商,帮助中国家庭建设美好生活和幸福社区,为广大人民群众提供基于普惠的"五全价值集成",分别是"全区域价值"——满足本区域不同层次养老服务需求以实现全域普惠、"全周期价值"——满足不同年龄生命周期的养老服务需求以实现全龄普惠、"全家庭价值"——满足老人及其子女与养老及家庭幸福相关的需求以实现全家普惠、"全方位价值"——满足"医、康、养、教、研、旅"六位一体的全方位养老服务需求以实现全功能普惠、"全境界价值"——满足不同境界的养老服务需求，即与人生三境界相对应的"物质价值、精神价值、心灵价值"的全境界普惠。让每一个家庭都能够过上美好幸福的生活，也是九如模式追求的核心目标。

第二，九如城将逐步升级目前的战略定位，从"康养产业运营商"向"家庭幸福生活解决方案提供商"转型升级。这并不意味着放弃养老行业的运营，而是要更好地依托其运营优势为老人及其家庭提供更为全面的幸福生活解决方案。未来，不仅是养老服务，与家庭相关的教育、学习也将成为解决方案的重要内容。

第三，"六大体系支撑"是指支撑九如模式运行的六大核心体系。其中，"体系养老"反映的是九如模式的运营体系，即以"养老四级体系"（综合体—机构—社区—居家）"医、康、养、教、研、旅六位一体"和"两全模式"（全区域和全生命周期）为核心内容的体系化养老运营模式，这是九如模式六大体系中最为核心、最具优势和最有特色的部分，除此之外还包括拓展到企业外部的行业生态体系。"以人为本"反映的是九如模式的人才体系，突出体现在九如城"以人为本"的人才观、以"人才大基盘"为特色的多层次人才培养体系和以"合伙人制"为特色的人才激励机制等方面。对于九如城来说，无论是养老运营还是养老服务都离不开人才，优秀的人才体系已经成为确保九如模式持续健康运行的基础条件和核心动力。"服务驱动"反映的是九如模式的服务管理体系，侧重服务标准驱动与服务价值集成，是九如城最具品牌号召力和口碑影响力的体系模块。"智慧嵌入"反映的是九如模式的智慧体系，其中产业智慧主要是强调通过先进的数字化技术和数字化手段赋能养老运营,全面提升九如城对养老行业的智慧洞察力、智慧运营能力和智慧化解决方案提供能力,而生命智慧则是通过养老教育及共同学习让老人及其家庭通过生命智慧的习得更好地实现人生价值、达成生命圆满,同时,还要积极推动产业智慧与生命智慧的互动,即一方面基于产业智慧的赋能来推动生命智慧,如利用数字化技术开发出线上线下结合的老人学习教育产品,反过来,还可以依托对老人生命智慧的更深层次理解增强对养老行业数字化应用的范围与深度。"幸福生活"反映的是九如模式的幸福体系,主要是以"孝、爱、家"为核心的长者幸福体系、员工幸福体系和家庭幸福体系以及以此为基础面向行业及社会所进行的推广工作。"正心奉道"反映的是九如模式的文化体系,这是九如模式健康持续运行的文化基因和价值观内核,没有"正心奉道"的企业文化体系进行指引,商业模式的运行就会偏离初心和使命,这对于具有较强公益属性的养老行业来说十分重要。

第四,"六化协同互动"是强调九如模式的运行中,要凸显体系化、平台化、标准化、教育化、(价值)集成化与智慧化的协同。其中,体系化不仅指的是养老运营四级体系,支撑九如模式的六大体系模式也是体系化特征的重要印证。平台化是指九如城要逐步成为养老行业乃至家庭幸福生活解决方案提供领域的重要平台建设者、管理者与掌控者,具有强大的平台运营与管理能力,平台化与体系化的结合意味着未来九如城的体系不仅仅体现在企业内部运营和管理,还将作为体系化平台嫁接、汇聚、整合更多的养老行业合作伙伴,成为养老生态系统的引领者。标准化是强调九如城通过一系列行业领先的服务标准制定和标准实施,推动企业与行业标准化工作不断改善,更好地发挥服务标准引领作用,持续赋能企业与行业的高质量发展。教育化是强调养老行业发展的更高级阶段是推动养老教育,九如城将致力于通过养老教育实现发展目标,推动养老事业进入更高发展层次与发展阶段。集成化是指"时代、社会、行业、企业、家庭和个人"六方价值的集成共赢以及基于普惠的"五全价值"集成。智慧化是指产业智慧(数字化养老赋能)与生命智慧(养老教育与学习)的相互促进。

第三章
体系养老：系统化运营

一、九如运营体系

体系养老是九如模式的核心特征之一,主要是寻求体系化解决区域养老问题。这源于谈义良对解决家乡宜兴养老问题的决心与构想。他提到:"我的初衷是回到宜兴的时候,要帮助解决宜兴所有老人的养老问题,如果只是解决一百个老人的养老问题,简单办个养老院,这没有什么意思。"在2012年,宜兴60岁以上老年人就已经达到23万。谈义良认为,宜兴23万老人的养老需求是复杂的、多层次的,其养老问题的解决一定需要一个体系。当时很多开办养老院的企业家往往缺乏体系化解决养老问题的宏大梦想,而谈义良开始做养老的时候就在思考模式和体系,因为只有形成了特定的模式和体系才可以复制和推广,进而惠及更多人。

正是基于这样的认识,九如城逐步探索形成了其体系化解决区域养老问题的发展思路并创立了九如城运营体系。养老综合体相当于养老资源支持中心——既是业务资源中心,也是培训资源中心、教育资源中心、考评指导资源中心和对外关系整合资源中心。综合体下面有城市养老院、乡村养老院,再进一步延伸到社区为老服务中心以及居家养老服务。这样才能够真正解决一个区域的养老问题。

相较于其他养老发展模式,九如城体系化解决养老问题的主要优势在于以下几点。

第一,能够覆盖更多的服务对象并体现出规模化的服务能力。有了规模化优势之后,不仅可以为IT信息系统提供更好的规模支撑，有利于系统的搭建与良性运行，而且还将获得成本控制的优势，诸如养老院运行所涉及的配餐、易耗品的采购等都将更具成本优势。

第二，体系内各层级之间可以更好地实现相互支撑与协同。例如，2020年上半年因为疫情，养老机构普遍缺乏员工，九如城则可以在自身体系内实现员工共享，比如可以将社区居家服务人员调配到养老机构，从而把养老机构的专业能力更好地辐射到社区去。而其他没有机构支撑的养老行业主体就缺乏这样的专业能力。还有些养老企业，只开办养老机构，解决了某个问题或一部分问题，但缺乏社区和居家的协同，没有形成体系，因此也很难形成有效互动与相互支撑。

第三，可以通过这一体系，一站式满足老人全生命周期及多层次养老服务需求。显然，通过居家服务、社区养老或为老服务所建立的良好声誉及品牌口碑，将更有可能吸引对服务满意的老人在后续需要进入养老机构的时候首先选择或重点推荐九如城品牌。

第四，具有与政府对接合作的优势。地方政府通常更希望一揽子打包服务，对接众多的养老企业无疑给政府管理能力带来了更大的挑战，因而政府相对更欢迎体系化的区域养老解决方案。这意味着，一个区域性体系化养老方案，除了能够更好地满足多层次养老需求，也将更容易获得当地政府支持。因此，一定的规模效应和市场集中度将有助于九如城提升整体运营效率和资源利用效率，也有助于降低成本进而释放出更高的价值。

当然，九如城在探索及构建体系化养老模式的过程中，也面临过困难与挑战。例如，早期公建民营模式的探索，政府和企业都缺乏足够的经验，相关政策的支撑也不够到位，双方的合作与磨合存在适应的过程。此外，在社区开展养老服务时也出现过一些困难，早期九如城需要租赁物业来运营，社区养老很大程度上无法收取服务费用，从商业角度很难持续。但是九如城将其视为整个体系化模式中的一个环节，坚持推进并确立了每年增加一定数量社区服务中心的目标任务，这来自对这个体系化养老模式的信心与信念。而对于居家养老，早期政府还没有购买服务，九如城就面向社会推广其上门居家养老服务，从50个客户开始，到后来宜兴已经发展到28 000个客户，再后来就有政府、企业来购买服务。因此，体系化养老运营模式的实施不是一蹴而就，而是在发展变化中不断调整、不断适应的过程。特别是社区服务中心，九如城将过去功能单一的"社区服务中心"升级成"为老服务中心、老年娱乐文化中心、助餐中心、护理中心"，将其打造成为九如城体系落地的重要支撑节点。如果最初仅仅考虑商业价值，不赚钱就剔除，那么就会变成三级体系，而三级体系就没办法实现有效支撑，居家养老服务仍然需要社区服务中心来进行对接与支持。

最终来看，九如城通过运营体系很好地实现了体系化解决区域养老问题，即通过"城市综合体—养老院—社区—居家"四级服务体系搭建"两全模式"，实现了一定范围内全区域养老覆盖，老人得到了全生命周期的悉心照护。养老综合体内形成了"医、康、养、教、研、旅"六位一体模式，即融合了康复医疗、健康管理、养老服务、教育培训、科研创新、特色旅居全流程综合型养老服务。未来还将在运营体系之外构建幸福体系并实现并轨运行。九如城认为，发展到一定时期，运营体系也许会消失，只剩下幸福体系，把幸福体系做好，则足以确保运行自如。

二、养老四级架构

图3-1是九如城四级养老服务体系。

老了,我们怎么办?

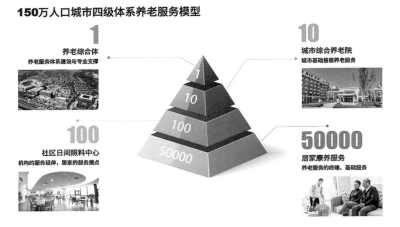

图 3-1　九如城四级养老服务体系
（资料来源：九如城公司内部资料）

据统计,目前中国 65 岁以上的老年人占总人口达到 13.5%,意味着有 1.91 亿的老人开始养老①。这 1.91 亿老人的养老需求也各不相同：有的喜欢在大型养老机构,过集体生活；有的喜欢宅家,和家人一起生活；还有的喜欢到处旅游,体验更多未知的生活。让老人顺心,是九如城一贯倡导的理念,为此,九如城建立了四级养老服务体系,为每个老人都能提供顺心顺意的选择。

九如城创立的四级养老服务体系,是一种轻重资产相结合的模式,有效解决了公司发展资金问题。经过十年打磨,目前九如城已经可以实现盈利。而且,四级养老服务体系可以独立复制、推广,以适应不同的市场需要。这也是九如城为中国养老模式做出的独特探索和创新。

九如城四级养老服务体系的旗帜是养老综合体,是九如城体系的集大成者和名片。养老机构则是这个体系里的主干,通过养

---

① 国家统计局:《第七次全国人口普查公报(第五号)》。

老机构辐射特定区域。社区养老是四级养老服务体系里的枝干，通过社区连接千万家庭。居家养老是九如城养老的根，直接服务需要照顾的老人。中国的养老结构是"9073"，即90%的老年人依托社区居家养老，7%的老年人在社区机构养老，3%的老年人在养老院等机构养老。而要实现普惠养老，服务大多数的普通百姓，九如城就必须将居家养老作为基础。目前，九如城居家养老服务已经惠及百万家庭。

四级养老服务体系相互独立又相互融合。养老机构可以为居家养老上门提供专业化服务；居家养老可以在社区内获得便捷服务；居家和社区养老在有需要时，进入机构养老获得更安心的照护。同时，九如城以"医、康、养、教、研、旅"的六位一体功能，满足不同老人的需求，实现病有所医、患有所康、学有所教、旅有所乐。九如城运营体系中六位一体功能的整体结构就像蜂巢那样相互联系、互为支撑，极其稳固坚韧，还具有无限延展性，可以极为方便地复制拓展到更多的区域，是九如城运营体系的核心特色之一。图3-2展现了这种蜂巢状的功能结构。

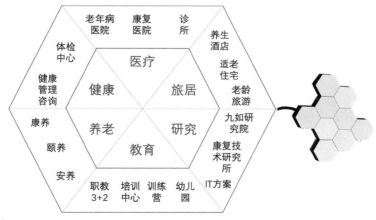

图3-2　九如城蜂巢状"六位一体"功能扩展示意图

九如城如何将康复与养老更好地结合在一起？首先是利用其养老服务体系布局，将康复医疗进行全过程覆盖，并在其养老体系中有机嫁接。在综合体中设立康复医院，在城市综合养老院当中配备康复医学中心，在社区日间照料中心配备康复室，在居家服务中有康复小组。在这个过程中，为什么将康复医院与养老服务结合？主要是康复医学在我国医疗体系中的地位低于临床医学，单独在一个地区建康复医院其实很难。但现在政府已经意识到养老是重大社会问题，所以支持在养老项目中加入康复医院，用养老来带动康复医学发展。据相关资料统计，近几年由国家卫生健康委员会批准新建的康复医疗机构，有一半来自养老机构的派生，因此用康复医疗来保障养老有着重大的现实意义。九如城的四级养老服务体系在健康管理、养生医养、康复医疗与护理医疗等方面都做了很多探索，将养老体系和康复体系有机地结合在了一起，把康复医学这样一个医学层面的理念，深入到九如城的每一个养老机构、社区与居家中心。九如城的康复医院，在养老综合体中的规模设置从一百床到五百床不等，同时也要保障综合体颐养公寓中的老人医疗服务。这样可以实现资源与服务的相互支撑，真正做到医养融合。特别是九如城还将康复教育也涵盖到养老综合体中，"九如教育"等专门机构将生活照料及康复医疗相关理论与实践知识、操作流程规范以及体系运用到九如城的机构、社区和居家服务当中，全方位、整体性地把康复护理的理念与九如城的生活照料服务有机结合。

以机构养老为中心辐射到社区养老和居家养老，这是九如城发展战略和规划实施过程当中的一个典型模式。机构是未来养老的核心，依托养老机构可以更好地拓展社区和居家养老服务。用养老机构来带动社区和居家养老服务，才能使最早实施的服务体系更加健全，使服务人群更加广泛，也能够帮助九如城获得各种不同的客户来源。居家的客户可能就是社区服务的客户来源，社区的客户可能就是养老机构的客户来源，这些相辅相成，在不同层级的服务过程中就会产生各种不同的客户来源。

最终，把各个层面的服务相互贯穿起来，就变成了一个金字塔型的体系化模式，涵盖了综合体、城市养老院、社区、居家四个层级。九如城将四级养老服务体系拓展到其他地区的时候，就不是单独建设一个养老机构，而是建设社会养老服务体系，区域性、系统性地解决当地养老问题，同时通过不断提升机构服务水平、从业人员水平来不断完善这一养老服务体系。

三、养老生态系统

前面主要描述的是企业内部的运营体系。依托这一体系进一步构建养老行业生态链与生态圈，与政府及合作伙伴一道推动培育良好的养老行业生态就是在搭建更为宏大的外部运营体系，是九如模式的又一典型特色。

(一) 行业共生理念

九如城相信，在人类命运共同体的时代，并肩作战才能取得胜利。时代的发展规律，就是一轮一轮螺旋式的上升递进，我们每个人、每个组织要去找到螺旋式上升通道，跟着时代大潮前进。谈义良在多个场合重申，要与时代同行，找到自身的发展规律，在时代的发展中超越自己，螺旋式上升。不管是一个人还是一个组织，都需要跟上这个时代的潮流，乃至于引领时代的发展。同时，在艰难的时刻，只有抱团取暖、互济互助才能跨越寒冬。能够在危机中找到并肩作战的伙伴，能够真正帮助客户，建立合作共同体，这将成为支撑行业和企业跨越寒冬的重要力量。抱团是为了互相借鉴好的经验，汲取更多的正能量，帮助行业中的企业度过困难时期。九如城相信，在经济环境艰难的时期，合作伙伴之间的友谊比生意更加重要，在这个困难时期需要协同共生，在严冬中看到美丽的冰花与雾凇。新冠肺炎疫情后的市场经济中，优胜劣汰将会加速，如何转型升级、持续发展是各行各业接下来都要面对的大考。如果养老行业的参与者能够抱团取暖，将一个个小火苗变成熊熊燃烧的火炬，就不怕任何困难，顺利通过转型升级、持续发展的考验。行业的抱团取暖也会汇集更多的资源来培养企业的核心能力，弥补企业的短板和不足，更好地进行快速的转型与提升。

九如城一直在倡导，要"集聚一群有情有义的人，做一件伟大而崇高的事业"。在九如城做养老的12年中，有无数的人一起共同奋斗、共同前行，希望能为行业赢来社会的尊重。九如城奔赴武汉参与一线抗击疫情不仅仅代表了九如城自身，更是代表了养老行业，是在用实际行动为行业发声，告诉全社会，在一群无私奉献的医务工作者后面还跟着一群养老人。养老人在国家危难之际挺身而出的作为，将会让养老这个行业越来越受社会重视和尊重。因此，九如城希望营造一种共生共赢的生态，每个参与者发自内心产生共生意愿、协同意愿，聚合为一个整体时，它所呈现出来的市场力量，已远远不是"1+1+1+……"的简单叠加，而是如核裂变般，让生态圈拥有无限可能。

因此，九如城要积极参与制定养老行业标准。要建立九如生态系统、九如标准运行系统，更要建立幸福体系，全方位系统化解决养老行业的发展问题；要在行业当中不断地赋能，做出一大批成果，并与行业分享；要时刻关注国家政策，为社会、为老人争取更多的产业政策促进养老行业发展。只有这样，才能体现出九如城的行业引领作用。九如城要从行业引领者发展成为行业领导者，帮助行业,赋能行业,为其在行业标准化服务体系、机构运营管理流程、行业信息化体系建设、人才培训体系、行业各类设计咨询、第三方评估体系等方面,提供强大的支撑;要充分利用市场机制建立以资本为纽带的联合体,整合行业各方资源,协调行业整体发展,与上下游产业建立多方链接,为提升行业整体水平做出应有贡献。九如城还将通过互联网平台充分链接各类医疗机构、养护机构、居家服务供应商、养老设备供应商等,形成庞大的养老互联网生态体系。同时,九如城还要加快推动社会第三方评估机构、咨询机构、社团组织的发展,提升行业的公正度,促进行业的诚信建设。最后,通过各类养老专业培训、医疗培训、服务培训、老人学院及志愿者培训化育众生,完成整个养老行业生态蓝图。

建立这个生态体系,首先要建立诚信体系,任何一个平台,如果能够将信任的成本降至最低,那么这一平台的价值就会最大化。九如城坚信,共创共享是企业乃至行业不断创新发展的一个重要底层逻辑。真正能够持续创造社会价值的方式一定是双方或者多方共同创造价值,最终也会共享时代发展带来的红利。九如城也相信共生才能共荣,养老行业因为市场空间大,每家企业都可以寻找自己合适的目标市场,无论是走向产业化或是区域化,都可以有较好的发展。在九如城看来,可能并没有什么竞争对手,九如城将会寻求不断赋能行业,与行业共同成长、共同发展、共同繁荣。

(二) 信任与互利的合作关系

关于对待合作伙伴的态度,谈义良认为,在合作过程中,要尽量给予正向的东西。例如,九如城的合作商大会提倡所有合作伙伴一起去做公益。此外,还要签订阳光协议,强调和九如城做生意合作要阳光,不能有违法违规的事情发生。九如城强调,好的合作伙伴就会多给予业务合作机会,能够和九如城一起携手成长的合作伙伴将会有更长久的生意。九如城用自己的标准和规范去帮助和约束合作供应商并建立良好的合作关系。

在合作过程中,如何才能实现伙伴之间的真诚?谈义良认为,信任是第一要素,九如城和老人、家庭以及合作伙伴之间的关系首先是信任,如果能够彼此信任,那么对方所有的资源就是大家的资源。现在其他机构和九如城合作,谈义良就会思考,他们凭什么跟九如城合作?他们看重了什么?九如城要努力寻求价值对等。其他企业提供市场资源,九如城就应当把自身强大的运营能力、服务能力充分体现出来,这就是价值对等原则的体现。这是合作的基础,信任往往体现为资源对等的合作。

九如城与伙伴合作的逻辑是,"先行大于后行,利他先于利己"。正如谈义良所说的:"用九如城的先行来换取合作伙伴的后行。"实际上,很多人都会有与之相反的思考逻辑顺序——先获得一点好处,再回报一点好处。而谈义良认为,先利他再成就自己,那么合作的成功率将会高于50%,利他人最终会导向利己。谈义良相信合作的对等性与平衡性,认为无法建立平等的关系就不会有永久的合作。他强调:"每一个合作暂时可能不平衡,就像跷跷板,开始有些倾向你这边,但未来一定会到一个平衡点,就是你要有资源给我,我再愿意付出,你再回报我,这才是来往","实际上80%的人是来往,先给我再给你,这已经很不错了。还有很多人有来无往,付出资源而得不到对等的回报"。如果合作双方之间能够做到"来往"和"往来"的往复循环,这才是具有可持续性的合作平衡状态。

谈义良举了 MBA 同学之间合作的例子。"有很多人去学 MBA,其实是想找点生意去做。希望先做朋友,再做生意。但是,先交朋友再做生意,实际上 90% 的比例到最后连朋友都没法做。这是因为想读 MBA 的人,大多数都想获取同学资源去做生意,其出发点就是想去获取一些资源，先利于自己。而更高的合作境界则是在生意场上将生意伙伴转变成为朋友。在生意合作过程中，让合作伙伴看到你的真诚、信任、思维、逻辑，就有可能和你做真朋友。这是通过利益得失判断出来的朋友。有利益得失，你来我往的过程中就可以判断这个合作者是否值得相交，这个人是否是真朋友，是否是可以合作一生的朋友。如果没有一个好的出发点，往往无法真正建立信任。"

上述内容可以概括为以下合作原则：第一是价值对等大于资源对接；第二是先行大于后行，也即是否愿意先付出；第三是利他大于利己，往来大于来往。这实际上就是九如城的商业合作逻辑，也是其对于合作共赢的认识，正是基于这些认识，才形成了九如城独特的共创共享、共生共赢的合作理念。

（三）互联网平台赋能

平台思维已经成为九如城未来发展的"基本格调"。九如城认为，所谓的平台，就是把多种业务价值链所共有的部分进行优化整合，从而成为这些业务必不可少或最佳选择的一部分，这种由价值链的部分环节构成的价值体就成为一个平台。平台战略的本质就是利用平台发展，强化自己的平台，稳定自己的综合实力，然后再逐一强化。平台是一种杠杆力量，一个成功的平台要具备几方面的要素。第一，要有巨大的客户流量；第二，要有广泛的承载力；第三，要有较强的定价力。根据平台的发育程度，可以分为三个层次，借用当前流行的方式，九如城将其称为平台1.0、平台2.0、平台3.0。平台1.0是必要性层次。平台2.0是支配性层次，这种支配性体现在和产业链上下游企业之间的关系上，当企业拥有了对上下游企业生杀予夺权力的时候，平台开始显示出支配性。平台3.0是引领性层次。支配性是就现有的局势而言，而引领性是就未来的发展态势而言。九如城平台化发展的基本格调,就是建立产品、服务、人才为一体的产业生态圈平台。形成闭合生态圈形式下具有内部自净系统的生态平衡,是九如城产业平台化管理追求的终极目标。

九如城也强调要用"互联网+"思维撬动整个养老行业。谈义良说:"从国家的发展到个人的存在,目前都已无法离开互联网。我们从开始不适应,到逐渐适应,现在如果仍然不利用互联网来助推传统产业转型升级,那么若干年后可能将找不到自己所在的行业。因此,九如城必须从心灵深处,接受互联网,了解互联网,利用互联网,发挥互联网的优势,努力实现传统行业的再次腾飞。互联网在传统行业中,绝对不是常规讲的信息化、数据化,而是通过数据化的信息将行业的人流、物流、现金流、信息流置于一个平台上,进行共创、互动、共享,分析掌握数据背后的规律。"

因此,九如城要借助互联网思维找到行业本质,从行业最大痛点入手,从客户、上下游供应商、生产服务企业各层面,解决最难问题入手,建立互信、互助、互进、互通、互享机制,按照互联网规则,进行系统化裂变创新,将传统行业切块还原,变成互联网基因的章节,重新排列组合,建成最有效的价值链。九如城认为,养老行业的"互联网+"包括了几个重要维度:一是衍生,养老行业内容丰富,"互联网+"全面涵盖衍生服务;二是融合,"互联网+"与居家养老和社会服务的相互融合;三是资源,养老行业通过"互联网+"完成资源整合;四是提升,通过"互联网+"促进养老服务水平提升。"互联网+"应用于养老服务领域,可以与居家养老融合,也可以与社会服务融合,还可以与医疗机构、护理机构、文体机构融合。有鉴于此,九如城提出要建设虚拟养老院的设想,即通过"互联网+"思维整合养老服务资源,通过信息化手段为不特定的老人提供点对点的服务。

基于中国的具体国情及传统文化思想,绝大部分老人仍然选择在家里养老。因此,可以通过互联网工具,辐射周边社区服务,让优质服务进入亿万家庭;还可以将全社会的优秀服务资源,汇聚在九如城养老服务平台上,让客户有更好的选择,让客户能够挑选适合自己的供应商。召集一批有服务于大众之初心的各类服务商(机构、医院、社区、居家、IT、培训等),集聚在这一平台,同样也可以为这些合作伙伴提供丰富的客户资源。平台上细分服务领域,实现术业有专攻,可以让养老服务更加专业,更加深入细致,要努力争取细分市场中的领先者汇聚到平台上。通过紧密合作实现共同梦想,也可相互持股以发挥各自特长。还可以推出平台培训功能,培训完成考级,体系内通用,未来成为行业标准。此外,还可以实现平台利用的社会化,引入市场化第三方评估体系,如老人评估标准体系、机构评估标准体系、社区评估标准体系、居家评估标准体系、第三方机构评估体系等。

整个养老平台生态,完全建立在诚信基础上,只要是参与进来的服务者、老人、家庭成员、志愿者等都应当有诚信档案,有其个人唯一的二维码识别体系。监督个人行为,如有违规行为,未来将无法进入平台体系,同时也会向社会公布(逐步引入养老平台信用评分),各类机构也会有更严格的诚信体系进行监督。以上这些就是九如城对互联网养老平台的发展设想与运营思路。

(四)赋能养老行业

九如城提倡通过养老产业链,形成庞大的联盟。在这个联盟中,通过建设养老服务标准体系,可以让老人及子女选择养老机构,有据可依、有路可循。一是通过整合养老行业联盟的资源,如医疗产业、养老机构、居家服务、设备、供应商等,打造一个互联网养老平台。二是建立养老行业第三方评估机构、咨询机构、社会团体等,搭建客观的评价机制,提升养老服务的整体水平,帮助家属与老人更客观地选择养老服务机构。三是要建立健全的养老服务培训体系,助力行业发展及人才培养,推动养老教育。

九如城认为,一家企业的力量终究是有限的,一定要把产业链和产业联盟的力量整合起来,一定要把社会的力量组合起来。从企业到整个行业,从行业到社会,承担更大的社会责任,每一个人和每一个企业都要为养老行业赋能。九如城的标准体系、运作流程等,很多都已结集出版,今后九如城还要出版更多的书,把积累的所有经验贡献给行业、贡献给社会,让参与到这个行业的人及企业少走弯路。九如城相信,越是做出奉献,就越有机会获得能量,再奉献给别人。其他人和其他企业就会跟随着九如城倡导的标准去做,九如城也会有更大的动力去继续创新和创造。九如城的管理体系,包括软件和信息技术,都可以考虑免费给其他单位使用,来帮助养老行业更好的发展。九如城花费巨资收购智慧养老的研究机构"中科西北星",推动养老数据的整合,也是希望以此更好地赋能养老行业。九如城的培训体系也可以开放给行业伙伴,推动行业打造发展共同体。

九如城对养老行业的赋能还将有助于传播孝爱文化,与利益相关者真正建立心与心的连接。与客户的心连接,九如城就能听到客户心声,就能深切感受到客户在使用九如城的产品和服务时有哪些不满意。与事业关联者的心连接,比如供应商、股东、员工等,可以促使彼此多站在对方的立场进行思考,这样才能真正成为事业共同体。与社会建立心与心的连接,就会让九如人心中装着民众。当面对社会发展各种痛点时,九如人的内心一定会感同身受,就会尽其所能去帮助解决社会之痛,从而为社会做出贡献。九如城相信,不仅仅局限于产业链内部,如果社会上的每个人都这样去想,这样去做,无论是怎样的行业之痛、社会之痛,都将会迎刃而解。

此外,九如城还积极帮助政府解决社会养老问题,为政府养老事务分忧解难。武汉疫情暴发后,九如城在民政部门的协调下第一时间组建精干团队赶赴武汉驰援。石家庄疫情出现之后,九如城也第一时间将自己精心开发的养老机构防控手册发给政府相关部门进行参考。此外,九如城通过积极参与公建民营项目,不仅帮助地方政府更好地发挥了养老公共资源的综合效益,同时,也很好地改变了传统养老机构的服务面貌。例如,九如城承接江苏宜兴一家公办养老机构的运营工作之后,仅用短短二十五天时间,就使得养老院面貌一新,不仅赢得了入住老人和家属的称赞,也获得了当地政府的好评。

全国养老机构疫情防控的"九如"标准[①]

在武汉战"疫"最吃紧之际,九如城在无锡市民政局的统一安排下第一时间抽调集结40名养老服务专业人员,参加省民政厅组建的56人养老服务支援武汉队伍,对口支援武汉市汉江区九州通人寿堂养老院和武汉市福利院,承担起护理202名失能失智及半自理老人的艰巨任务。

"考虑到人员太分散、不熟悉会带来后期管理不便,需要一支较为完整的高水平队伍,能够快速分工配合,省厅最后选择了无锡市九如城的40名队员和南京市点将台社会福利院的队员组团赴武汉。"无锡市民政局副局长钱晓东说。

九如城在养老服务各个岗位上均衡完善的实力配备,且九如城之前就向一些世界先进的养老机构学过"灾难下的养

---

① 参见单红、殷星欢:《全国养老机构疫情防控标准"无锡制定"》,《无锡日报》,2020年10月9日。

老机构管理体系",有这样一个基础,很快防控措施就出来了。

正是基于这样的实力,才有了承接国家课题的底气。在武汉时,支援队参与起草了民政部《新冠肺炎疫情高风险地区及被感染养老机构防控指南》,牵头编写了《九如城疫情下的院感操作手册》等技术指南和规范,并承担了对其他队伍的指导任务,帮助武汉乃至湖北的养老机构建立防控体系。

江苏支援武汉养老服务工作得到了民政部高度肯定,认为"这支支援队是全国响应最早、行动最快的队伍,对武汉养老机构疫情防控起到了至关重要的作用,体现了出色的能力和担当"。支援队抗疫归来之后,无锡市还将源于一线养老机构的战"疫"经验总结成《来自武汉的实战手册》,免费送往各大城市,并开始百城万院公益巡讲,帮助全国各地的养老机构做好疫情防控。《手册》中包含如何快速建立三区两通道,养老人员、老人的防护,养老机构定期消杀等实用内容。在疫情防控成为常态化的当下,这份《手册》将有效帮助养老机构建立完整的防控体系,有效降低养老机构老人的得病率及病死率。

第四章
以人为本：人才居首位

一、九如人才体系

完备的人才体系是九如模式持续健康运行的重要基础。人才问题一直以来都是困扰养老行业发展的难题,在当前知识更新速度加快、养老行业市场竞争日趋激烈的背景下,人才越来越成为企业生存发展的决定性因素。实际上,始终将人才摆在企业发展战略的核心位置,是九如城对当前我国养老行业人才发展现状准确判断基础上做出的正确选择。

长期以来,我国养老服务人才队伍的建设速度远远落后于人口老龄化的速度,养老行业存在着明显的供需矛盾,积极培养养老服务人才成为有效应对老龄社会一系列挑战的关键。民政部预测,"十四五"期间,全国老年人口将突破3亿,从轻度老龄化迈入中度老龄化。5~10年后,全国第一代独生子女父母将进入中高龄,养老服务将面临更大的挑战。在老龄社会来临之际,养老服务人才储备问题不仅关乎着养老行业的发展,更加关乎数亿老人的晚年生活质量。从数据来看,我国有近3亿的老人,其中有4000万失能者,而目前仅有30万养老护理从业人员[1],反差巨大的数字揭示了养老服务人才的巨大缺口。目前,养老行业面临"招人难留人更难"的困境,尽管养老行业一直在提高护理人员的待遇,为他们提供自我实现的渠道和舞台。但不可否认的是,在养老人才入行的路上还存在多座大山,阻碍养老服务人才进入及实现长期

---

[1] 王优玲、罗争光:《我国颁布2019年版养老护理员国家职业技能标准》,http://www.gov.cn/xinwen/2019-10/16/content_5440755.htm,2019年10月16日。

发展。

一是工作强度大、工资待遇低。喂饭、翻身、洗澡、复健、外出就医陪同、精神关爱等都是养老护理员的日常工作。护理员工作内容繁杂，工作强度大，而且由于工作性质的原因需要经常值班，难以兼顾家庭。与此相对的是他们微薄的收入。即使在一线城市，养老护理员的月薪普遍只有 3 500~6 000 元，相比月嫂动辄一两万的月薪，养老护理员的薪资待遇差距很大。这也就导致了从事养老护理的往往是年纪大、学历低的人群，养老服务从业人员的素质总体处于较低的水平。

二是社会认可度低。从事养老行业的人都是有爱心、有孝心的人，他们将别人的父母当作自己的父母一样照料，减轻了千万家庭的负担。他们的工作平凡又伟大，理应得到社会的认可和尊重。但现实情况却是，社会上对于养老这个职业还存在着很大的偏见和误解，认为他们就是照顾老人吃喝拉撒，是"伺候人"的低人一等的职业。包括有些老人的家人甚至也将护理员看作是自家雇来的佣人，对他们的工作多加指摘，让他们承担着巨大的心理压力。

三是缺乏发展前景。虽然舆论上都说养老是朝阳行业，发展前景巨大，但是对于很多年轻人来说，养老行业不仅"钱景"不明，"前景"也不明。他们不知道自己在这个行业中未来能达到怎样的资质，获得多高的社会地位，这无疑会动摇他们坚守养老行业的信心。

以上这几座大山让很多年轻的养老人望而却步。养老行业难以吸引专业人才，护理服务人员流动性非常大，数量增长十分缓慢，严重制约了养老行业高质量发展，也不能满足老龄社会对于养老服务人才的需求。养老服务机构缺乏高素质的专业服务人员，这成为摆在每一个养老服务机构负责人面前的难题。

面对养老行业目前"招人难留人更难"的困境，九如城认为应该多措并举,提高养老行业的吸引力。首先要制定人才激励措施,提高养老人才的薪酬待遇,加强养老行业的文化建设,提高养老人才工作的积极性。例如,国家相关部门对于养老机构招聘的境外及国内高级管理人才,可以给予个人所得税减免、特殊行业人才引进补贴等政策,吸引更多人才到养老机构任职,提升管理服务水平,降低养老机构的人才招聘成本。其次要完善养老人才培养体系,建立立体化人才梯队,根据不同工作性质,将养老服务人才分为服务型人才与管理型人才两大类,明确养老服务人才的工作职责,实行分级制度,鼓励并培养养老人才通过等级晋升提升自身待遇与社会地位。

此外,养老服务行业急需有爱心、业务精的人才。受过高等教育的年轻人,既懂得护理知识、掌握护理技能,也善于跟老人沟通,养老行业急需这样的人才。当前,老年服务与管理专业初设本科。专业设置、学历设置的突破,将吸引更多人才选择留在养老行业。因此,九如城积极建议推行校企合作培养模式,企业提供实践平台,根据人才的需求,与学校签订"订单"培养模式,对学生实行量身定制,加强人才培养的针对性。政策上也应为养老企业以股份形式参与高校办学合作创造积极条件。最后,在社会上形成关爱并尊重养老服务人才的良好氛围,政府、行业等可以联合起来,通过多方位的宣传,提升公众对于养老服务人员的认可度,增强人才的专业身份认同,吸引更多人才进入养老行业。年轻人代表着未来,社会迫切期待更多优秀的年轻人加入养老行业中。这就要努力营造尊重养老服务人才的社会氛围,让更多年轻人看到养老行业光明的未来。改善和提高护理人员的待遇,是确保养老服务行业可持续发展的重要保证。待遇低,养老机构招不进人也留不住人。养老从业人员福利、工资待遇应该与社会养老服务发展需求同步。政府财政、社会公益渠道、龙头企业等应共同出力,有效改善养老从业人员的待遇。

从九如城自身来看,人才与企业快速发展也关系密切,当企业有伟大梦想的时候,最需要跟进的就是人才和团队。九如城近年来快速推进城市的拓展,对优秀人才和团队的需求十分迫切,企业以人为本的人才体系为之提供了良好支撑。这一人才体系主要包括了三个方面的内容:首先是九如城"从心出发""基于心灵成长台阶"和"人才六字诀"的独特人才观,其次是以人才梯队战略为核心的多层次人才培养体系,最后则是以"尊重一线""合伙人制"等为特色的人才激励机制。

二、独特的人才观

(一) 从"心"出发

对知识和人才的尊重是九如城一贯坚守的核心原则。九如城基于东方管理哲学中"人人为我,我为人人"的思想,强调要从"心"出发,以人为本。从客户层面是以老人为本、以家庭为本,从员工层面则是以员工成长为本。九如城相信,要成就老人、成就更多家庭和社区,首先要成就自己的员工。员工的心力资源就是无尽的宝藏。心力资源注重人内心世界的需求,心力资源管理就是要对员工内心需求进行针对性的管理,注重员工自我身心平衡、家庭平衡以及强大内心世界的养成,实现包括情绪管理、压力管理、幸福管理、健康管理等在内的自我管理。从马斯洛需求层次理论来说,人最高的追求是自我价值的实现,而现代社会中,人们普遍实现了低层次生理需求和安全需求的满足,正在向着更高层次的尊重需求和自我实现需求发展。因此企业要注重开发员工的心灵宝藏,帮助员工实现自我价值。同时,水能载舟,亦能覆舟,一个组织的成败归根结底在于人心，不聚人心不得以聚人才，不开发人内心的心灵宝藏不足以开发出真正优质的产品和服务，可以说没有人心的汇聚就没有一个企业的成长和进步。

基于这样的认识，九如城自成立以来就十分关注员工的内心世界和内心需求，企业尊重员工的意愿和职业规划，并通过员工幸福体系来保障员工个人和家庭的幸福，让员工没有后顾之忧地奋斗在自己喜欢的事业中。同时，九如城也致力于在企业日常经营中营造"心生万法"的氛围，激发员工内心无限的潜能，使其具有强大的使命感，向着共同的伟大目标不断迈进。凝聚人心、开发人心，汇集志同道合的人才共同为养老事业奋斗，以心力资源管理促进九如城的成长以及竞争力的提升成为企业矢志不渝的追求。

具体来说，九如城认为员工心力资源的开发能够提高他们处理日常工作和生活中问题的能力，使其保持积极向上的心态、勇攀高峰的勇气、敢于担当的干劲，在复杂的"己—己、人—己、人—人、人—事、人—物"等相互关系中拥有积极适应的能力。企业的心力资源管理主要包括三个方面的内容：德先、人本、利他。

首先是"德先"。心力资源中的"德"有两层含义。一是指管理者要有高水平的道德修养。"才者，德之资也；德者，才之帅也。"① 管理者除了运用制度来规范组织成员外，还可以运用管理者的个人魅力和优秀品质来影响组织成员，通过"修己"来塑造道德之威，潜移默化中影响组织成员。二是指被管理者也要拥有高水平的道德修养，以更好地完成本职工作。"德"强调的是道德伦理在企业管理中的作用。对外，企业经营要遵守一定的道德规范，促进市场经济的健康发展；对内，企业要苦练内功，形成良好的企业文化与商业信誉，在组织内部的选人、用人中坚持以德为先，加强服务道

---

① 司马光：《资治通鉴》卷一《周纪》。

德、竞争道德、经营管理道德等方面的引导和教育。养老企业的特殊性质决定了养老人才的选拔不能光看"才",更要重"德"。养老服务人员面对的是处于弱势地位的老年群体,如果没有良好的道德素养,很容易造成虐老事件的发生。因此,即便是在养老人才短缺的情况下,九如城依然重视养老服务人才的个人道德与职业道德,在招聘过程中坚持以德为先、德才兼备的招聘理念,并构建了九如城的人才甄选机制和人才评价机制,确保能够甄选出真正爱老、敬老的专业人才。"德"好比方向盘,只有具备良好素质的人才能够找到正确的发展方向,以修身为起点,而后齐家、治国、平天下,做出自己的一番事业。一个养老人如果没有良好的品德,就缺乏为老人服务的动力,也不能够发挥养老行业所需要的价值。因此,对于养老行业来说,善心、爱心、奉献之心是人才最宝贵的价值,九如城在人才评价过程中也强调"德行"为先的理念,并细化到每一个员工的日常行为守则中。

其次是"人本"。管仲对齐桓公说:"夫霸王之所始也,以人为本。本理则国固,本乱则国危。"①这是中国最早的"人本"的概念。现代心力资源的核心内容也是人,强调的是将人作为管理的目的,而不是企业盈利的工具,在管理中要以人为中心,实现人的全面、自由的发展。组织与人不是管理与被管理的关系,而是完全平等的为了实现组织目标互相协作、互相配合的关系。一个组织发展的好坏,取决于这家企业拥有怎样的人才以及怎样用好人才。知人善用才能发挥人才的最大价值。韩非子说:"下君尽己之能,中君尽人之力,上君尽人之智。"②人才作为最宝贵的资源,要在与自己能力相匹配的岗位才能发挥最大的作用。因此企业的心力资源管理要实现人尽其才、才尽其用。对于养老企业来说,"人本"的用

---

① 《管子·霸言》。
② 《韩非子·八经》。

人原则就是在合适的岗位上选择合适的人来做事,用其所长,达到先贤王阳明先生所说的"舍短以取长""能与任宜"的境界。并以此为目的构建完整的人岗匹配机制与人才动态流动机制,帮助组织内部人才找到适合自己的岗位。只有人才得到了发展的机会,才能够尽心尽力地做好岗位工作,为企业创造更大的价值。

最后是"利他",这主要是指每个人首先要注重自身的行为修养,"正人必先正己",然后从"利他"的角度出发,来从事、控制和调整自身的行为,创造一种良好的人际关系和激励环境,使人们能够持久地处于激发状态下工作,主观能动性得到充分发挥。简单来说,"正己",是一种自我导向的心理行为,"利他",是一种他人导向的心理行为。"正己"与"利他"是一种相互联系且相互转化的关系。利他即利己,代表了一种高度的道德境界——主动的利他行为,在成就他人的过程中成就自己。因此在心力资源管理中,"利他"涉及两个主体,一个是管理者,一个是被管理者。管理者要做到尊重员工的选择,根据员工的能力和需求进行激励,并注重对员工的人文关怀,创造良好的激励环境。被管理者要从自身做起,主动参与,积极回馈。

养老企业要构建完整的心力资源激励制度,形成"机制励人"的格局,调动员工内在的积极行动,激发员工的无限潜力和能量,帮助员工实现自我价值。一个人能不能成事,首先要看他想不想成事、愿不愿意挖掘自己内心无限的宝藏和能量。而企业与员工是一个共同体,企业要通过科学、系统的体制机制激发员工想干事、能干事的热情和能量。尤其是在物质资源极大丰富的背景下,人们追求生命意义的热情空前高涨,心力资源管理一定是人力资源发展的未来。加之在大变局的今天,人们的内心难免会出现迷惘、惶恐,这就更需要组织通过心力资源的管理,引导、帮助组织内部的成员明确理想和目标,释放心中的无限能量,为共同的理想而不断奋斗。

从"心"出发不仅是指激活员工的心力资源,也是企业家、管理者和整个企业对员工发自内心的尊重与关爱,尤其是对一线员工的尊重。九如城内部的价值观就是要尊重一线养老服务人才,九如城希望把一线打造成为造就专业养老人才的广阔舞台,使一线成为人才荟萃、人人向往的地方,让每一个员工都能在九如平台上成就自己的事业,实现个人价值。九如城更希望能够营造尊重养老服务人才的社会氛围,让更多年轻人看到养老行业光明的未来。

(二)"五阶"人才标准

九如城相信,企业发展中真正的突破首先是要突破个人心灵品质的瓶颈。只有让员工认同企业所倡导的价值观,并全身心地践行企业文化,才能为企业发展创造价值。因此,在战略创新过程中,突破个人心灵品质瓶颈,激发和调动员工的主观能动性至关重要。这首先就要从企业家自己的突破开始,逐步带领团队突破,人才梯队突破,从内心来突破个人及企业成长的天花板。谈义良认为,老板的瓶颈就是企业发展的天花板,团队的瓶颈就是企业发展的阻碍,没有好的团队,企业很难有发展,因而首先要突破的是企业家、管理团队及未来的人才梯队,不断建设自己,提升自身的心灵品质。

基于这样的认识,九如城根据心灵品质的成长台阶来确定企业不同层次人才的培养标准和培养要求。第一级是"士人",即忠于职守,脚踏实地。公司要求基层的员工都向"士人"目标而努力,培养其具备基本的职业操守,忠于公司,务实肯干,执行力强,能够"不怀疑,不杂思,善执行"。第二级是"能人",即精益求精,志存高远,公司中层管理人员要求向"能人"方向去培养,对工作要追求精益求精,还要有崇高的志向。中层管理者必须带领基层员工,完成高层指令,奔向崇高目标,达到志存高远。第三级是"君子",即自强不息,建功立业,公司高层必须向更高层面"君子"方向培养,带领公司全体员工,自强不息,建功立业。从心灵成长台阶来看,第四、五两级分别是"贤人"和"圣人",前者要"立己达人、胸怀大志",后者要"无我利他,化育天下",这是企业家的终极追求。

围绕上述标准,九如城形成了企业人才培养的梯队建设思路,不同层次的干部有不同要求,不同岗位使用不同品格之人,专才专用,通才多用,高才广用,并在培养过程中,注重品行修为、人格塑造、适人化育。

(三) 人才经营"六字诀"

九如城将人才视为企业最重要的核心资产,这一"资产"也需要悉心"经营",由此也形成了九如城人才经营"六字诀"。

一是"选",也就是要选"对"的人,"对"的人才能做成"对"的事情。这实际上就是优选员工的过程。九如城优选人才的第一要求就是要热爱老人。从事老人服务工作,如果不是发自内心地热爱老人就无法在这个行业坚持下去。谈义良认为,选拔正确的人组成团队,首先企业家自己就要成为更正确的人,这样才能带领团队做正确的事情;反过来也是如此,找到正确的事情、正确的道路,大家一起坚持走下去,最终就会变成一群正确的人——这样的人组成的团队必将无往而不胜。对于谈义良来说,这样的事业也许开始会有一些偏差或小错误,但坚持走下去就会逐步纠正过来,要坚持做艰难而正确的事情,首先要走在正确的道路上,这非常重要,也是九如城坚守养老行业多年的信念之一。

二是"育",也就是培育善良的人。九如城认为,养老人的第一特性是善良。善良有天性成分,世间的确有很多天性善良的人,但善良也是培育出来的。一群正确的人在一起从事伟大的事业,逐步形成了善良的基因,只有善良,才能将人性的美好发挥到极致。"向善向上""温良恭俭让"这些传统文化中的箴言,善良是其中最基本的要求。所以九如城要努力培育善良的人,这是养老行业特点对人才品质的最基本要求。

三是"培",要培养真诚的人。九如城相信,"心"是一切的出发点,真诚之心为起点,真诚的事情做多了,形成习惯和思维定式后,就会成为真诚的人。九如城就是要鼓励所有员工,不断营造真诚之心,通过自身的成长与践行,逐步将自己变成真诚之人,这是企业人才培养的基本路径。

四是"留",要留下真心愿意服务老人的人。九如城形成了一个不成文的规定,企业高管每个月都要安排至少一天时间到养老院见习和实践,与老人、员工及院长一起交流,认真倾听他们的心声。九如城要想尽一切办法留下愿意和企业风雨同舟的人。不经历风雨怎能见彩虹,九如城十多年的发展经历了一轮又一轮的人才去留。九如城所期盼的人才不能只愿意共享未来成果,而不愿意共担风险,应当真正留下那些愿意与企业同甘共苦、极具责任心的优秀人才。

五是"护",要保护忠诚的人,忠诚是人才对企业的最大价值。九如城要创造没有投机的氛围,在企业中不出现投机的案例。要创造各种机会,将忠诚的员工树立为企业榜样,鼓励员工忠诚于事业、忠诚于老人、忠诚于公司,再进一步上升到忠诚于国家和人民。从国家到社会、到时代、到行业、到企业,到个人再到家庭,都要倡导忠诚。九如城要真正呵护好这些忠诚的员工,让他们真切地感受到忠诚的价值。

六是"树",要树立楷模,鼓励人才努力成为时代的楷模。九如城坚信,从事养老事业的人,就是在为国家、为社会、为人民解决痛点问题,就是这个时代的先行者、践行者、倡导者,最终通过自身的努力也将成为时代楷模。同时,肩负起社会责任的企业家也应当要求自己成为这样的时代楷模。九如城的企业哲学总纲强调"利他",相信九如人践行的每一件事情都会产生榜样的力量,榜样串联起来就是楷模,而楷模更进一步的升级就是成为时代的英雄。

围绕人才经营"六字诀",九如城还提出了"九如优品"的人才发展理念,即通过"优选员工"、提供"优厚待遇"、锤炼"优良专业",以及持续培育"优美心灵",最终使员工成为九如城的"优秀同仁"。这是九如城在养老行业呈现优秀品格、优秀品质和优秀品牌的人才基础。

三、人才梯队战略

(一)"人才大基盘"

人才队伍是构筑企业核心竞争力的基础。九如城深感养老行业人才匮乏。解决人才问题,依靠企业外部引进或挖同行"墙脚"都无法适应这个行业快速发展对人才的需求。九如城以企业自主培养为主体,逐步确立了称为"人才大基盘"的企业人才梯队战略和体系化人才开发模式。针对高层管理者的高管训练营以心灵建设为根本;针对中层管理者的先锋营以能力构建为根本;针对基层管理者和员工的骨干训练营则以"强专业"和"强技术"为根本。强调要从人才引进、培育、特长发挥、平台建设、人才成长等多个环节寻求突破,为九如城未来的战略升级提供强大的人才支撑。图4-1、图4-2展示了"人才大基盘"的核心团队规划和梯队规划。

第一,九如城的人才结构体现了"老中新"三代的结合与梯次发展。谈义良的设想是,目前主要由"70后"担任区域总经理,三

老了,我们怎么办?

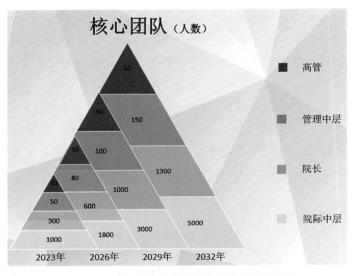

图 4-1　九如城"人才大基盘"的核心团队规划
（资料来源：九如城公司内部资料）

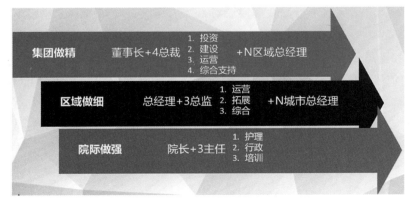

图 4-2　九如城"人才大基盘"的梯队规划
（资料来源：九如城公司内部资料）

年后计划全部换成"80后",到那时"70后"将逐步转到后台做支撑,谋划更具战略性的工作。当"80后"成为团队主力军之后还要进一步规划"90后"甚至"95后"人才的发展路径。九如城通过这样一代又一代人才的成长不断向前发展,通过"老中新"三代的有机结合推动文化传承,确保九如城永葆本色、永葆青春。

第二,针对不同层级的管理者和专业人员匹配以相应的梯次性培养方案。九如城开设有高级经理人员研修班,主要针对高层管理者,包括了日常学习计划、月度学习会、季度总结和年度项目,侧重的是企业战略研讨、生命品格和心灵品质建设。九如城有先锋训练营,主要针对中层养老管理人才。由谈义良亲自担任营长,15个月时间为一期,涵盖了学习、运动、生活等多个领域。谈义良就像带自己的孩子一样悉心培养,现在先锋营中已经有很多人都可以独当一面,独立负责一个城市的业务开展。九如城还有院长营,目前已经成功培训了几百位院长,未来通过院长培育计划还将培养更多合格的养老机构管理人才。再有就是青年骨干营,主要针对九如城的康复人才和青年技师的培养,帮助他们尽快获得国家相关执业资质。此外,九如城还有养老康复师培训营、护理员培训营、员工成长计划等。

第三,为满足养老行业对于不同人才的需求,九如城针对一线养老服务人员采用了多层次培养策略,着力建立立体化养老服务人才梯队。一方面,九如城根据不同工作性质,将养老服务人才分为服务型人才与管理型人才两大类。服务型人才主要是满足当前的社会需求,高学历的管理型人才则探索更加优质的护理方式,更加完善的养老人才培养体系等,助力养老行业快速发展。另一方面,九如城明确养老服务人才的工作职责。例如,可以参照日本的养老服务人员分类方式,分为"社会福祉士"和"介护福祉士",前者负责帮助老人解决问题或给予相应的建议,后者负责照顾老人的日常生活。这样不仅提高了工作效率，也提升了养老人才的专业度，实现了人员的优化配置。此外，九如城还实行分级制度。根据专业度、经验、技能等的不同，将同一工作分为不同的等级，每一等级给予不同的工作待遇，鼓励并培养养老人才通过等级晋升提升自身待遇与社会地位。

（二）支撑平台建设

为了有效支持企业以内部自主培养为主体的多层次人才培养体系，九如城着力开展了以下学习平台的建设工作。

一是推动学习型组织建设。九如城计划通过三年左右的时间，将企业逐步建设成为学习型组织，以确保员工的成长与企业发展同步。学习型组织建设旨在培养弥漫于整个组织的学习氛围，充分调动组织成员的学习热情，发挥其创造性思维能力，推动组织的持续学习与不断超越。为此，企业密集召开了一系列学习动员大会和专题学习会，设计了九如城的四级学习体系和学习模型，如图4-3、图4-4所示。九如城将学习型组织建设作为企业多层次人才培养体系的重要支撑平台之一。

二是嫁接外部的学习平台。九如城积极推动与中国台湾双连安养中心、日本虎之门运动康复中心和美国南加州大学老龄学院的合作，一方面定期派高级管理人员赴合作机构考察学习，另一方面充分利用合作机构的资源引入优质养老课程来推动中层与基层人才培养。同时，九如城还以江苏经贸职业技术学院下属的老年产业管理学院为依托，依据双方资源和技术优势，引入新的办学机制，员工兼本兼聘，基地共享共建，校企共同打造集人才培养、项目研发、职业培训、社会服务于一体的校企合作平台，改善医养结合服务人才紧缺的现状。"江苏经贸·九如城老龄产业学院"实行校企联合招生、联合培养，共同实施"2＋3"工学交替弹性学制，由江

第四章 以人为本：人才居首位

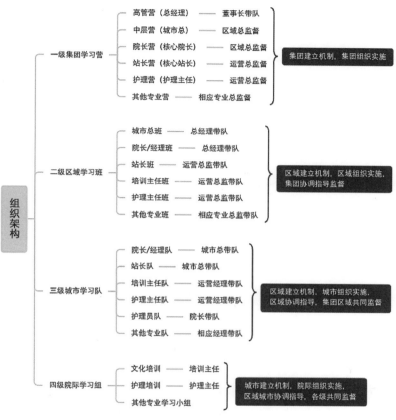

图 4-3 九如城员工四级学习体系
（资料来源：九如城公司内部资料）

苏经贸职业技术学院负责系统的专业知识教学和技能训练，九如城集团通过师徒制形式进行岗位技能训练，以更好地对接市场需求。目前该学院设有老年服务与管理、社会工作、体育保健三大专业，学生在校期间主要研修老年护理与保健、老年营养与膳食、老年康复训练、老年心理咨询、养老机构经营与管理等专业核心课程。其中老年服务与管理专业已经与九如城签订有"九如城订单

老了,我们怎么办?

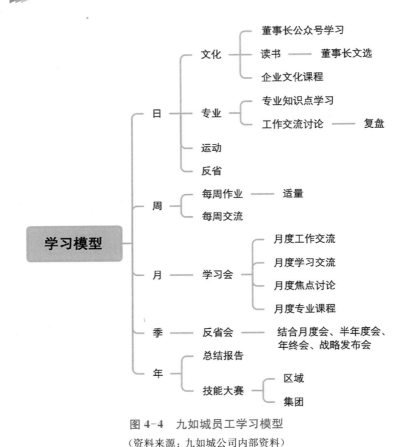

图 4-4 九如城员工学习模型
(资料来源:九如城公司内部资料)

班",毕业后经双向选择,学生可在九如城从事业务主管、项目主管、日间照料中心负责人以及创业者等专业管理岗位和健康管理员、康复训练员、营养配餐师、社会工作者、养老护理员等专业技术岗位。

三是筹划建立独立的养老行业学院。外部合作办学尽管成效斐然,但也存在一些难以解决的问题。在继续推进合作办学的同时,九如城也在积极谋划筹建独立的养老行业技术学院,以期对企业多层次人才培养体系提供更好的支持。

（三）人才激励机制

第一，要改善养老人才的待遇与工作环境。首要的是薪酬待遇，要根据学历、业绩等制定以经济为导向的激励制度，提高养老人才的福利。同时还要加强养老行业的文化建设，养老企业要为员工营造良好的工作环境，注重培养员工个人工作能力，明确并打通员工职业发展通道，提高养老人才工作的积极性。为此，九如城制定了详细的绩效考核激励措施，按照工作内容、服务质量等指标的考核结果，提供相应的物质激励。企业推出的员工幸福体系，包含"九如优遇""九如优享""九如优渥""九如优泽""九如优福"五大计划在内的各种幸福举措，全面提升员工在九如城集团为老服务行业和领域工作的幸福感。例如，"九如优福"计划中，只要在职时间满一年的九如城员工，就可以以其在职时间换取相应的本人未来退休后优惠入住九如城集团所属养老机构、康复医院的时间。在九如城工作满15年的员工，企业将承担其以后的养老责任。九如城希望通过打造员工幸福体系，构建相应的支持、帮助与奖励机制，来更好地激励人才，增强其获得感和归属感。

第二，尊重一线，给予一线员工更多的资源倾斜和关爱。在养老行业中，九如城中高层管理人员的薪酬水平并不特别突出，但一线养老服务人员的薪资待遇则遥遥领先。九如城坚信，一线员工是最了解老人需求的一群人。人才从一线来，运营从一线来，品牌从一线来，未来从一线来。一线是企业发展的根基，企业要一如既往地实施战略向上、战术向下，监控向上、管理向下，品牌向上、利益向下的发展战略，重视一线人才的发展与培养，让战术指挥重心下沉到一线，重视有担当、务实干的一线团队的跟踪培养机制，让一线成为九如城人才培养的摇篮。例如，在疫情期间,九如城考虑到一线员工的工作强度和难度,提供了疫情特别补贴,以提高他们在疫情期间工作的积极性,保证服务质量和院内老人的安全。

第三,采用合伙人制激励管理团队。长期主义是九如城的核心价值观之一,从战略布局到人才培养,都遵守着这一原则。按照人才梯队战略,九如城将会从基层培养出大批院际管理人才,再从中选拔优秀的人才担任院长,建立完整的院际合伙人、城市合伙人制度,给予人才长期发展和与企业共同成长的机会。未来九如城计划布局2 000个养老院,会产生包含管理人员在内的将近1万个合伙人,合伙人制将成为激励管理团队与企业共同发展的重要制度保障。这一制度的主要设想就是让院长和城市总院长的利益与企业发展绑定,让他们成为企业的合伙人,利益分享、风险共担,充分调动管理人才的积极性。例如,养老机构早期设立时都会有一个亏损期,一般是6~8个月,九如城会给予管理团队18个月的时间达到收支平衡,之后拿出每个机构的一定比例股份推动管理团队合伙,公司通过"院长负责制、城市互助制、集团直达院、信息化支撑"等举措给予团队充分支持,让管理团队拥有属于自己的事业,最终实现每一个养老机构与九如城整体的共同发展。

具体来说,针对最基层的院际合伙人,主要是"1+3"结构,即一个院长加上三个职能主任(护理、行政、培训),通过公司悉心培养,短至半年,长至一两年,至少可以培养出一个院长,为九如城在全国进一步拓展养老机构储备人才。针对城市合伙人,九如城规划在不同的城市建立互助、虚拟的管理架构,每个入驻的城市当中一般有10个养老院,约3 000张床位,服务约5万位老人。该城市中最大养老院的院长也兼任城市总院长,与其他9个养老院之间没有隶属关系,而是基于合伙人制度建立的互助合伙关系,相互支持,共同发展。而到九如城集团层面,主要是设立区域管理机构,一个区域负责约50个城市,集团的人才梯队体系、信息化平台、资源集中采购等将会直达每一个基层养老机构。在整个运作过程中,团队合作、院际互助和集团支持非常重要,人才的成长也必须要有基层担任院长的经历,再按照九如城大基盘体系逐级晋升。

第五章
服务驱动：口碑在人心

一、九如服务体系

九如城养老四级架构本身也是面向客户的服务体系。而九如服务体系指九如城的服务管理体系,主要涉及两大核心内容。

一是服务标准体系。九如城在发展过程中特别重视标准化工作,而运营与服务的标准化也进一步引领并促进了企业的发展壮大。图5-1为九如城标准化的养老体系。

首先是养老体系的标准化与可复制。九如城着重在长三角布局旗舰型网点和发展标杆,向行业与社会展示九如城养老综合体的规模、实践效应及相关标准——不仅仅是硬件标准,还有软件标准和服务体系标准。同时,九如城进入新的区域和城市,引入其标准化养老体系,九如城的康复医院、养老机构、教育学院等,未来都有可能连锁化经营,复制推广将更加方便。同时,从社区、居家到机构服务,全方位覆盖,全方位服务,全生命周期照顾。通过医疗、健康、养老、教育、研究、旅居等资源的多面融合,建立六位一体的养老新格局。围绕医养融合养老服务,制定服务水平、基础设施及管理制度的相关标准。还制定了老人健康评估标准、机构评估标准体系、社区评估标准体系、居家评估标准体系,建立医养融合社区服务规范评估体系,促使医养融合社区服务向规范化、专业化、标准化方向发展。此外,通过互联网平台,实现精神赋能、运营赋能、资本赋能、服务赋能、客户赋能五大赋能,满足老年人的精神需求与服务需求,形成稳定的客户群以及专业的养老运营方案。

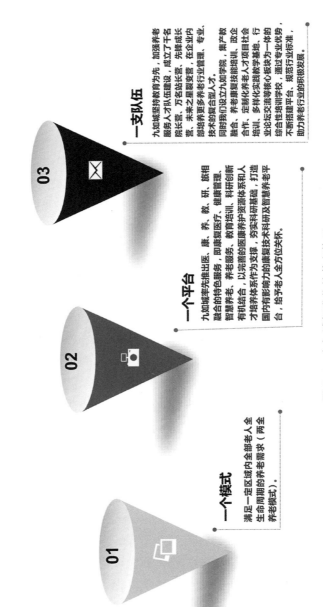

图 5-1 九如城标准化的养老体系
(资料来源:九如城公司内部资料)

第五章　服务驱动：口碑在人心

其次是通过自身的探索不断构建养老行业的标准服务体系，只有构建行业的标准服务体系才能更好地引领与促进行业的发展。未来还会通过美国的康复认证把康复和养老相结合，九如城将成为这个行业真正标准体系的先行者，引领行业发展。正如谈义良所说的，养老行业的每一个从业者都要为这个行业赋能，九如城将会围绕自身探索形成的标准体系与流程，例如老年康复、养老等相关服务标准和质量管理标准，出版一些丛书或专著，尝试将自身积累的所有经验贡献给社会、贡献给行业，让参与到养老行业的人少走弯路。谈义良说："我们越是奉献，就越有机会获得能量，如果我们经常去奉献给别人，我们的能量一定比别人大。行业就会尊重我们所开发的标准，并且标准还会更好地引领企业及行业的发展。"这反过来也会激发九如城更好地探索建立新的标准。因此，九如城将努力从行业引领者，发展成为行业领导者，要帮助行业、赋能行业，为其在行业标准化服务体系、机构运营管理流程、行业信息化体系建设、人才培训体系、行业各类设计咨询、第三方评估体系的建立等方面提供强大的支撑。要充分利用市场机制建立资本为纽带的联合体，整合行业各方资源，协调行业整体发展，与上下游产业建立多方链接，为行业整体水平提升作出应有贡献。目前，九如城整理出的全国行动示范型项目的建设标准、运行标准、普惠标准及检验监督标准，总共超过 21 万字。九如城相信这些标准未来一定会在全国全面推行，帮助行业提升服务质量，满足广大群众高质量的生活需求，真正为这个时代解决重大问题，真正引领养老行业的发展。

再次是建立统一的人才准入标准，保证养老人才的专业性。人员入职后要定期参加培训及考核，提高医养结合服务人员薪酬待遇，逐步完善人事与职称政策，建立起一整套医养结合服务人员的招聘、培训、考核、激励机制，真正让医疗人员扎根到养老服务业中。

最后是建立养老机构的运行标准。目前,九如城院级的基本运行标准流程已经逐步完成,后续将会根据养老院的不同标准进行归类后,通过实践运行进行修订与优化,推动院级运行标准体系不断提升。九如城从开院手册、筹备手册、公建民营、自建院、租赁、合作等各个层面来建立相关的养老机构运行标准,为九如城养老体系的有效运转提供了良好的支撑与充分的保障。

二是服务价值体系。服务的价值主张是商业模式中最重要的内容,也是九如城服务体系中的重要内容。狭义上指针对企业客户所提供的核心利益,广义上不仅包括对客户的利益,还包括了更为广泛意义上的社会价值,体现的是企业的社会责任。九如城重新定义价值,从更广泛意义上诠释价值,形成了对价值的独特认识。

第一个层面是时代价值与社会价值,九如城强调要顺应时代发展的需求,为老龄化社会的养老痛点问题提供有价值的解决方案,这是时代价值的体现。同时,养老服务应当覆盖尽可能广泛的人群,更好地实现普惠性养老服务支持,而不是传统养老机构所聚焦的少数高端人群。谈义良认为:"中国在2020年实现全面脱贫,即将从全面小康走向富裕发达的社会主义现代化强国,但我们绝对不能忘了曾经为社会做出贡献的老人,如果我们把大众人群,也就是60%~70%的普惠性养老问题解决,那么就能够形成中国社会尊老、爱老的良好氛围。这是所有普通人都能感受得到的氛围,人们对老了就不再会那么恐惧。"因此,九如城要做的就是树立社会上一个很重要的风向标——"当人们老了的时候,九如城会有普惠养老来支持大家"。这将会给年轻人带来希望——"老人有幸福的晚年,年轻人就有可以预期的未来",年轻人现在努力工作,老了一定会有保障。更重要的,这将是社会文明的呈现,当人们年老的时候,有充分的养老设施和体系来保障需要养老的人。实际上,目前农村地区的老人在很大程度上还没有被充分纳入这样的保障体系。而九如城所提供的普惠性养老体系将有助于在一定程度上解决这一社会问题,创造出社会价值。基于这样的认识,九如城提出了"五全价值",即九如城创造并提供的价值面向了全区域和全生命周期的老人,也面向希望尽孝的老人家属,为其提供的不仅是物质层面的照护,而是涵盖了"医、康、养、教、研、旅"的全方位集成服务,以及从物质到精神再到心灵的全境界服务支持。

第二个层面是行业价值和企业价值。九如城认为,实现了时代价值和社会价值,也将会有助于实现养老行业价值。养老行业将会受到社会的普遍重视,政策的倾斜与支持力度会不断加大,传统上对行业的偏见会逐步得以改观。从企业价值来看,普惠服务所面对的人群广泛,市场空间大,由于前期养老行业针对高端人群较多,这一领域的竞争也相对较少。九如城进入该领域很早,通过普惠性服务可以更快速地获取市场份额。目前也许覆盖到40个地级市,到明年可能就有60个地级市,而到后年就可能有80个地级市。因为每一个城市都有数量庞大的需要提供普惠性养老服务的人群,这是现实需求,是政府、社会、老百姓所迫切需要的,因此也会更容易和更快速地接受九如城的普惠性养老服务模式。特别是政府希望解决的普通老百姓养老问题,是事关民生的大事。九如城相信,能够参与其中的企业更容易成就伟大事业。通过帮助更多的人、惠及更多的人、成就更多的人,企业不断发展壮大并成为伟大的公司,这恰恰就是企业价值的最完美呈现。图5-2是九如模式的价值集成。

第三个层面是家庭价值和个人价值。每一个家庭都会有老

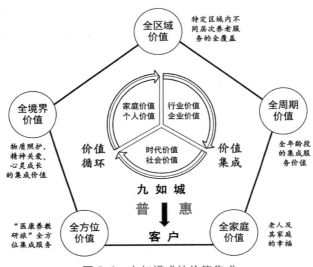

图 5-2 九如模式的价值集成

人,养老是每一个家庭十分关心的痛点问题,九如城如果能够帮助解决养老问题,就会创造出家庭价值,为千千万万个家庭的和谐幸福做出贡献。而个人价值,不仅是指为客户所提供的个人生命价值和养老服务价值,也是谈义良个人价值的体现。他认为,不管是从生意的角度还是人生的角度,企业家选择做事业,一定不能单纯从赚钱或得失的角度去考虑,而是要让人生更有价值、更有意义。对于谈义良来说,如果仅仅是为了赚钱,他一定会继续做房地产或者去做养老的高端市场,因为那样面对的客户更富裕、更有支付能力。但是谈义良第二次创业的时候就没有把赚更多的钱放在第一位,首先考虑的是如何让更多的人受益,开启的事业一定是普惠的。谈义良相信,九如城惠及的人越多,其事业也就会越大。这诠释了一个企业家极具社会责任感的个人财富观。

二、养老服务标准

(一) 养老设施建设标准

九如城积极参与国家发改委联合民政部、国家卫生健康委共同发起的"城企联动普惠养老专项行动",为普惠养老项目制定了比较完整的建设标准体系。这一体系主要包含以下内容。

一是建设标准的体系规定,如总则、用房设置(涵盖医疗保健、公共活动、管理服务等)、安全措施(竖向交通、建筑设备等)。

二是建筑验收标准,如建设档案的验收标准、用地及总平面图的验收标准、房屋建筑的验收标准、安全设施验收标准、建筑设备验收标准等。

三是装饰标准,涵盖了设计指导、基本规定、总平面图要求、建筑设计标准、安全设施、建筑设备、装饰装修及适老化、智能化、施工要求等。

四是家具配置标准,涵盖了床的设置、衣柜的设计、床头柜的设计、座椅的设计等内容,尽可能满足入住老人的适老化需求。

五是软装标准,包括了设计理念、设计目标、设计原则、养老机构软装设计、健康养老用品体验馆规划设计、软装设计意向方案、搭配意向方案、标识意向方案、配色方案和适老化家具搭配标准等。

(二) 机构服务质量标准

九如城的养老机构服务质量标准共分为四篇二十四个章节,内容非常丰富(图 5-3)。

第一篇为服务提供,包括了确定服务内容、日常照护、清洁卫生、预防保健、社交娱乐和心理(精神)支持六大模块。内容非常细

老了,我们怎么办?

图 5-3　九如城服务质量标准示例

致,涵盖了老人照护的各个方面,为服务的标准化及可操作性提供了指南。

第二篇为服务保障,包括了人员管理、入出院管理、收费管理、信息管理、感染管理、服务质量监督、服务质量评价与改进、设施设备完好和标志完好九大模块,对老人服务的保障、评价与管理工作做出了全面细致的安排。

第三篇为服务安全,包括了护理安全、膳食安全、设施设备安全、用电安全、各类炉灶及气瓶安全、特种设备安全和消防安全七大模块,对养老机构的安全问题给予了高度的关注与重视,为机构的安全运行提供了标准化指导及操作性指南。

第四篇为品牌维护,包括了智慧养老系统应用、标准化物品应用两大模块,主要是从九如城品牌维护的角度做出了一些标准化的规定。

为便于上述内容的落实,相关标准体系中还制定了非常明确细致的服务质量检查表、检查表使用说明以及九如城 VI(视觉形象)标准化的相关文件和指引(图 5-4)。

第五章 服务驱动：口碑在人心

附件一：九如城机构服务质量检查表（康养中心版）

被检查机构：_____ 检查时间：_____ 检查小组负责人签字：_____ 被检查机构负责人签字：_____

类目	项目内容	项次	评价内容及要点	评价依据	项目分值 A	项目分值 B	项目分值 C	评价方法
服务提供	确定服务内容	1	掌握入住老年人的照护情况（①照护等级②照护风险点③照护内容）	A.完全符合 B.符合第①②点，部分符合第③点 C.部分符合第②③点 D.不符合第②点				现场询问
服务提供	日常照护	2	掌握进食过程中的主要管控要点（①进食姿势②进食量、进食速度③关注咀嚼和吞咽功能状态④食物或水温度）	A.完全符合 B.符合第①②③点，部分符合第④点 C.部分符合第①②点，部分符合第③④点 D.不符合第②点				现场查看 现场询问
服务提供	日常照护	3	掌握晨间护理内容（①晨间护理内容②晚间护理内容③注意事项）	A.完全符合 B.符合第①②③点，部分符合第③点 C.部分符合第①-③点 D.完全不符合				现场询问
服务提供	日常照护	4	掌握口腔清洁过程中的主要操作要点（①清洁姿势②清洁流程③义齿清洁方法④注意事项）	A.完全符合 B.符合第①②③点，部分符合第④点 C.部分符合第①-④点 D.不符合第②点				现场询问
服务提供	日常照护	5	掌握洗浴过程中的主要管控要点（①洗浴禁忌②洗浴时长③室温及水温要求④注意事项）					现场询问

图 5-4 九如城机构养老服务质量检查表（节选）

（资料来源：九如城公司内部资料）

（三）养老服务系统标准

为推进服务管理的标准化、体系化、规范化与高效率，九如城建立了智慧养老服务管理平台，对机构养老服务系统的相关模块做出了标准化规定。

相关功能模块主要包括系统的登录、总体功能、应用中心、数据分析、机构管理等。其中总体功能部分，从管理信息系统层面对养老机构的接待管理、客户管理、居住管理、照护管理、仓库管理、资产管理、活动管理、点餐管理、药品管理、费用管理和巡检管理等都做出了比较标准化的运行管理规定，制定了相应的操作指南。

（四）时间银行服务标准

时间银行的雏形来自美国人埃加德·卡恩提出的一种互助模式，又称为爱心银行，是指志愿者将参与公益服务的时间存进时间银行，当自己需要帮助时就可以从中支取"被服务时间"，这是一种新型的、交互式、可量化、可持续发展的服务模式。

九如城建立了比较完整的时间银行服务标准。对时间银行的服务宗旨、服务范围、运作体系与运作要求进行了明确的规定。服务宗旨是"尊老敬老、志愿服务、存储爱心、弘扬美德"。服务范围中的服务对象是选择九如城的老人；服务内容主要涵盖了"食"——饮食养生、营养咨询、食疗药膳、健康知识讲座，"医"——助医服务、家庭康复、心理咨询，"护"——老人生活照料与护理、照看残障人士，"洁"——关爱空巢老人、家政服务、爱护自然环保活动，"学"——各类教学活动（如书法、摄影、厨艺等），"乐"——主题娱乐活动，"生活"——法律维权、法律咨询、理财咨询，以及其他为老公益活动。时间银行的运作体系与要求则涉及会员注册、服务时间存储、服务时间提取、服务确认、服务流程、奖惩制度和注意事项等具体内容。总体来看，该服务标准体系十分健全与细致。

（五）养老机构运营标准

九如城的养老机构运营标准主要包括六大内容模块。

一是行政人事管理，主要涉及岗位职责说明书、行政人事管理制度和机构考核明细要求。岗位职责说明书对养老机构的院长、行政主任、护理部主任、后勤主管、医生、营养师、康复师、护士、护理员等二十余个岗位都有非常明确细致的职责规定。行政人事管理制度涵盖会议管理、行政值班管理、行政查房管理、院际差错和事故登记报告制度、服务满意度管理制度、投诉处理管理制度、教育培训管理制度、档案管理制度、印章管理制度、物品捐赠管理制度、咨询接待服务管理制度、家属探视管理制度、安宁服务管理制度等多个领域，在这些领域均有比较详细具体的制度规定、工作表格、工作流程图等标准化管理规范。机构考核明细涉及 100 个具体考核项目,分别对应有相应的评分标准,根据评分确定从A到E的具体等级。A级意味着对应考核得分90~100分,为优秀,而最低的E则对应60分以下,机构管理必须改进,不合格项需要进行整改并在次月复查。

二是出入院管理,主要涉及入住和退住管理制度、评估管理制度、老人入住档案及老人健康档案。其中入住和退住管理有相关的具体制度规定,也包含了入住流程图、申请表、调访表、审批表、体检项目清单等标准化工作文件。评估管理制度除了具体的文字规定之外,还制定有配套的老年人能力评估系列表格,如老年人能力等级结果判定卡、简易智能状态速检表、疼痛评估、Barthel指数评估、焦虑和抑郁评估、Holden步行功能分类评估、MORSE跌倒评估、Braden压疮评估、营养状况评估、PG-SGA病史评估等。

三是医疗护理管理,主要涉及护理管理制度、医务管理制度、康复管理制度和养老机构感染控制制度。其中护理管理制度涵盖工作规范、护理交接、护理文书书写、护理等级评估及变更、分级护理服务等近二十项内容,并配套有交接班记录本、差错记录表、不良事件报告表、老人生活个案护理记录表等21份标准化工作表格。医务管理制度涵盖了医务室管理、医生查房、病情告知等十余项制度规定并配套有医疗护理记录表等15项标准化工作表格。康复管理制度涵盖了康复部管理、康复设备管理等内容,配套有康复训练记录单和康复理疗知情同意书等工作表格。养老机构感染控制制度涵盖了术语与定义、院内感染知识培训、院内感染监测等十余项内容并配套有院内感染病例报告卡等8项工作表格。

以上是养老机构的核心模块,其他三个模块则是配套支撑模块:后勤管理主要包括餐饮管理制度和物业管理制度;安全管理主要包括消防安全管理制度和应急预案制度;综合管理主要包括财务管理制度、信息管理制度、采购管理制度、仓库管理制度和社工活动管理制度。

可以看出,九如城养老机构运营的体系十分完整,各个模块均有非常详细的标准化制度规定和操作指引(图5-5),这也成为九如城卓越运营能力的重要基础与支撑。

图5-5 九如城养老运营标准化文件

(六) 养老机构筹开标准

九如城在养老机构筹开方面也有比较细致的标准体系,内容涵盖了院际筹开框架、筹开分工、机构注册、人事管理、财务管理、营销管理、物料管理、信息管理、培训管理、筹开准备、投资发展等领域。每个部分不仅有详细的操作指引和规定,还有十分丰富的流程指示、操作性和应用性表格。这既是九如城对以往养老机构筹开经验教训的系统化总结,同时通过标准化与体系化的知识沉淀,也为九如城养老模式的快速复制及区域拓展提供了标准规范并奠定了坚实基础。

三、服务创造价值

(一)"五全价值"

"五全价值"是指九如城为社会所提供价值的五个重要维度。

一是全区域价值,主要是强调通过普惠性养老服务体系与服务支持,满足特定区域所有老人的养老服务需求,这需要九如城与地方政府密切合作,充分考虑当地不同层次养老人群的需求差异,运用体系化养老解决方案,有效满足全区域各层次的养老服务需求。

二是全周期价值,主要是根据不同年龄段的人群,分别提供针对性的康养服务产品,为其创造覆盖全生命周期的康养服务产品价值。例如,针对80岁及以上的高龄老人提供医养融合的服务体系,主要涉及失能、失智和临终关怀等内容;针对70~80岁的健康老人,主要提供半自理服务;针对50~60岁的健康中年人群以及60~70岁的活力老人,核心是生活方式的打造,着重提供居住、生活、休闲、旅游相关服务;未来九如城3.0—4.0的产品体系还可以覆盖0~40岁的健康人群,通过未来社区和幸福社区建设,为其提供必要的生活服务。

三是全方位价值,即不仅仅是单一的服务价值提供,而是为客户提供融合了"医、康、养、教、研、旅"等多个价值维度的全方位价值。其中"医"包括康复医院和护理院;"康"主要是健康管理中心;"养"主要包括了康养中心、安养中心、颐养中心、社区中心和居家养老服务中心,"教"包括产教融合中心、职业技能提升中心、老年教育中心、师资中心等;"研"主要是康复技术研究院和九如研究院;"旅"包括了特色旅居。此外还可以配套一定的"居住"功能,主要是老年友好型住宅,这些住宅将会针对老人需求进行适老化设计与改造。

四是全家庭价值。传统的养老机构往往只关注老人的生理需求,对老人的心理需求和家庭需求有所忽略。九如城充分意识到这一问题,一直在进行探索和积极寻求改变,从为老人提供一张床位到为老人提供一个家,从关心老人到关心老人的家庭。建立了以家庭为中心的健康管理档案,针对老人和家庭制定了健康促进计划和干预计划。首推服务家庭概念,成立孝道课堂,让子女懂得孝顺,让老人领悟生命的意义,让家庭和谐幸福快乐。九如城坚信,只有老人家庭幸福了,老人才能真正有一个幸福晚年。

五是全境界价值。丰子恺先生认为人的生活,可以分作三层:一是物质生活,二是精神生活,三是灵魂生活。九如城则强调,对老人不仅要关心和满足其物质层面的需求,而且还要关注其精神生活,创造并提供心灵价值,也即要努力创造并提供物质、精神和心灵全境界的价值。早期,九如城强调的核心价值观是"品质与爱同行",用专业的照护,让老人生活得舒心;用医养融合的服务,解决老人的康复需求;用适老化的设计,为老人提供安全的环境。这些都还只是物质层面的价值。后来在不断发展过程中,九如城提出了"让阳光照进长者心田,让天下子女尽孝有道",从养老过渡到养心。从原有的生活照料到精神关爱,从陪伴到倾听,从100%服务到101%服务,这时候九如城更加注重的是老人在机构生活的幸福感,通过服务让老人得到真正的幸福快乐,能够让阳光照进他们心田,能够有尊严地安享幸福晚年,同时有一群志同道合的老伙伴,能够老有所为,老有所乐,老有所获。这是精神层面的价值。在此基础之上,九如城进一步以孝爱文化为引领,去帮助老人成就自我,用圣贤光明点亮老人心灯,实现自我价值。让老人发现自我未发现的价值,感受生命的光明,这实际上已经是心灵这一最高境界的价值满足了。

那么,九如城如何为老人创造心灵价值?九如城认为,心灵价值分为四个层面：第一，给老人阳光，这首先要求自己要阳光。第二，提升员工的心灵品质，只有当员工的心灵品质提升到一定程度的时候，他才能做到带着阳光去服务老人，把自己的阳光传递给老人。第三，让子女尽孝有道，教育引导他们怎样去孝敬父母，从孝敬自己父母到孝敬天下父母，让他们了解和学习尽孝的过程。第四，院长引导。养老机构院长就像家长一样带着自己三个子女：老人、家属、员工。这就是心灵价值，当九如城从养老到孝道、到幸福、到化育天下的时候，就真正找到了从养老到养心的方法，就会创造巨大的价值。

（二）普惠价值

对于养老服务的普惠价值，谈义良有独到的见解。传统观念中，人们往往将普惠的概念与"低端、廉价、低品质"相关联，普惠养老被等同于针对五保老人的"保底性"养老支持。

谈义良认为，普惠应该是面向大多数人群，这个人群相当于有60%～70%的市场，其中只有5%～10%的市场是政府保底性的养老服务市场，是特别庞大而且具备刚性需求特征的群体。这就好比互联网行业中所说的下沉市场，刚需特征特别明显，支付能力一般。这些老人普遍退休工资较低，子女收入一般，就是面广量大的基层大众。目前，高端人群的养老服务供给相对充裕，选择较多；困难人群，如五保老人有政府的保底性养老支持；恰恰是处于中间部分的普通大众，养老服务供给严重不足。因此，普惠的重点就是这一庞大的普通消费群体。

同时，谈义良也不认为普惠就是低端的代名词。对于普惠人群，价格需要实惠，应当让大多数普通老百姓能够承受。他强调，对老人尊敬，不在于他们的经济条件好坏，所有的人都能够享受到九如城同样高品质的服务。也就是说，不管住每月一万元还是五千元标准的养老院,其服务态度与服务品质本质上应该是相同的,主要差异是硬件条件,如床位费、伙食费不一样。谈义良认为,养老如果只面向高端市场,这从商业角度虽然更容易做到,也更容易盈利,但实现的社会价值相对较小。

普惠既是一种价值观——承担社会责任,让更多的人受益受惠,也是一种战略模式,即通过承担社会责任、解决社会问题、为政府分忧,获得社会及政府更多的认可与支持,从而有助于九如城品牌形象的提升,也会给九如城提高市场份额、获得发展机会带来裨益。此外,高端市场尽管客户经济承受力强,但竞争也更为激烈,客户要求更高,相对而言,普惠性市场属于战略蓝海,对于九如城来说,也许将蕴藏着更多的发展机遇。因此,谈义良将普惠视为一个闭环或双向的循环,为社会提供普惠性价值,同时社会也最终会回馈更多的成长机会与发展空间。

实际上,九如城"五全价值"里面也充分体现了普惠的理念,"全域普惠"就是让特定区域的尽可能多的老人都能够获得普惠性养老服务支持;"全程普惠"是让处于不同生命周期和不同年龄段的老人都能获得普惠性养老服务支持;"全员普惠"就是让老人的家属乃至整个家庭也能够获得更多的幸福感,提升生活质量。获得普惠性支持,不仅仅只是物质层面的照护,更涵盖了精神层面的关爱和心灵层面的成长等多层需求的满足。

因此,九如城强调要回归普惠的本质,重视精神层面和心灵层面,真正让最广大的群体受惠,产生感恩心,实现社会价值最大化,促进社会文明的进步。在这样一种普惠社会价值呈现的过程中,才能更加推进商业文明。对于养老行业来说,如果九如城和其他只做高端产品的企业同时面对社会大众,九如城坚信自己将会获得更多的尊敬,因为九如城服务的是更广泛的普通老百姓,九如城的商业模式扎根于"普惠"价值。

第五章 服务驱动：口碑在人心

谈义良相信，未来崇高的商业文明当中一定要有普惠，因为这是解决广大群众的问题。哪怕产品再好，如果特别昂贵，他认为也不属于未来应该倡导的商业文明。普惠就是追求社会价值，就是要在未来商业文明当中进行更好的呈现。为什么互联网发展模式要求更便捷、实惠，这实际上是让更多人买得起，让用户更多。拼多多的下沉市场为什么会这么火爆？主要是因为它主推的农村电商一定程度上实现了普惠，它解决了更多老百姓的问题。普惠的产品，性价比更高的产品，才是未来解决社会重大问题的最佳路径。谈义良认为，最佳的商业模式就是用普惠的产品、性价比高的产品来解决养老问题。

"普惠养老"的核心在于每位老人都能享受到社会发展带来的福利及美好的晚年生活。目前行业中大多数企业的重点在城市，以城市为中心辐射周边乡镇及农村。经过新冠肺炎疫情，九如城看到了辐射范围的局限性，且运营成本一路走高，因而未来九如城可能需要转变思路，即以城市为中心向以乡镇为中间承接点转变。就目前来看，已经有一些乡镇与大城市对接的案例，但仅仅是个例，没有大范围发展普及的态势。但就运营成本、"普惠"广度等各方面来看，乡镇是很好的选择，它能形成对城市的一种合围，走"乡镇包围城市的路线"，很好地解决城市养老的困局；通过乡镇还可以非常便捷地辐射到广大农村地区，让农村的老人也能享受到与城市老人相同或相似的养老设施和养老服务，这是把"普惠"践行到底的关键举措。

基于这样的认识，九如城重新制定了价格，积极推进普惠养老，让更多普通人群能够获得"买得到、买得起、买得好、买得安"的养老服务。九如城作为首批"城企联动普惠养老行动"的签约企业，积极按照《城企联动普惠养老实施方案》开展工作，只要是国家及地方政府贴在养老上的政策补贴，九如城将会完全呈现给老百姓。九如城致力于将创业初心——"情怀与普惠、责任与担当",融入普惠行动的实践中,为更多的老人拥有幸福晚年及更多的家庭幸福生活而奋斗。九如城的目标就是让广大老百姓住得起梦想中的养老院,让每一位老人都能享受有尊严、有品质的晚年生活,更要以提升老人的获得感、幸福感、安全感为导向,做实事,下实功,让普惠的愿景变为现实,开创更加美好的养老未来。

> **夹心层老人呼唤"普惠"养老**[①]
>
> 　　北京大学人口所乔晓春教授将老年群体比喻为一个"三明治"结构,高收入和低收入人群是三明治的外围部分,高收入人群可以靠自己的收入获得优质的养老服务,政府为低收入人群兜底,但这两类人群所占比例较低。中间比例最大的夹层部分为中等收入群体,这部分"夹心层"老人将会处于相对尴尬的境地,他们的规模巨大,2020 年为 2 682 万人,到 2035 年增加到 6 954 万人,2050 年将迅速提高到 1.24 亿人。
>
> 　　占据绝大多数的中等收入人群,是对养老服务需求大的人群。然而,当前养老机构的收费标准已远远超过这部分老年居民的经济承受能力。这倒也并不是养老院的经营者漫天要价所致,而是这一代老人们的支付能力和养老院的运营成本之间的结构性矛盾所致。
>
> 　　如若不能尽快解决支付瓶颈,在老龄化与少子化并存的大背景下,一旦他们丧失了自理能力,收入又不足以用来购买市场化的养老服务,未来谁来照顾他们呢?

　　[①] 陈鑫:《中国老人为什么住不上优质养老院?》,https://www.huxiu.com/article/421845.html?f=member_article,2021 年 4 月 15 日。

第六章
智慧造就：生命更圆满

一、九如智慧体系

九如城的商业模式是智慧嵌入与驱动的,这里的智慧包含两个层面的含义。

第一个层面是产业智慧,也就是强调运用科技手段赋能养老行业,实现智慧养老。"科技+养老"是未来养老行业发展的必然趋势。2019年1月,工信部、民政部、国家卫健委联合主办2019智慧健康养老行业发展大会,大会发布的信息显示,2019年我国智慧健康养老行业规模近3.2万亿元,近三年复合增长率超过18%,到2020年将会接近4.5万亿元的水平。在2021年全国"两会"上,众多科技行业的领军人物,把目光聚焦"智慧养老"。百度董事长李彦宏建议相关部门加强政策引导,鼓励更多智能设备进社区,拓展和深化智慧养老服务。小米董事长雷军建议推动老年人数字化服务尽快纳入国家信息化基础设施建设。科大讯飞董事长刘庆峰提出,运用人工智能技术关爱老年人群体,推进科技适老。联想集团董事长兼CEO杨元庆提出,运用信息技术切实解决老年人困难,帮助"银发族"跨越数字鸿沟。科技行业在席卷居民的吃穿住行后,开始向养老领域渗透,已经是必然,未来国内科技巨头进军养老行业,也不会令人意外。

同时,科技创新也是强化老龄社会韧性治理的关键支撑。社会治理创新的经验表明,坚持系统观念,促进科技创新与"整合、应变、抗压、恢复、学习"等治理能力建设的融合发展,重视和推动科技创新的民生转化,对于增强社会治理韧性意义重大。科技创新既是应对人口老龄化的重要方法,又是老龄社会治理的核心支撑,两者互为影响,是运动中不断发展的辩证统一关系。一方面,科技创新在提升人力资本积累、打破劳动力供给下降掣肘、培育完整内需体系、促进城乡统筹发展、加快产业转型升级等老龄化应对的宏观领域发挥着至关重要的作用,能通过夯实发展基础、完善要素保障等,保持基础机能、适应激增压力,以多样性且高效的变革与适配行为,降低风险传染,加速系统应变与功能自愈,整体强化治理韧性。另一方面,现代科学技术除牵引性、跨界性、集聚性、环境友好等特点外,本身就具有广泛的适老化特征,满足全体公民老年期物质与精神文化需求的技术渗透和融合创新,不仅将持续优化全社会为老、适老、助老、养老现实样态,丰富公共和个性健康养老服务供给,还将放大养老服务体系、社会环境等治理行动的溢出效应,推动人民群众全生命周期生活品质的共同改善,在调整、改进、扩散中动态平衡利益关系、有效缓解主要矛盾,打通老龄社会韧性治理的关键环节。

因此,科学技术将会有效赋能老龄社会的韧性治理。开展面向老年人生命、生活、环境等需求的老龄科技创新,是以技术赋能老龄社会韧性治理的底层逻辑和基本要求。十八大以来,大数据、人工智能、区块链、5G通信等新一代信息技术在老龄服务领域深度应用。在新冠肺炎疫情防控与医疗救治过程中,远程医疗、远距照护、智能服务机器人、智能护理床等安全、多元协同的技术服务与产品广泛介入,又进一步加速了健康养老的数字化、智能化、智慧化转型。特别是国家"新基建"计划的实施,将为智慧健康养老创设全新支撑场域。

未来,老龄科技创新应以智能技术为主导,持续强化老龄社会韧性治理能力。一是以技术纾困强化主动治理。在老龄人口众多和涉老资源不平衡、不充分的客观条件下,应加快以技术联通、替代等方式，促进资源与信息等科学配置，促进高效流通和交互再生，让有限的治理资源"活"起来、"多"起来，切实改善老年人享受养老、医疗、健康等基本保障的便利性、可及性和普惠性，解决老龄社会主要供需矛盾，将资源窘迫所产生的暂时性冲突控制在可承受的安全范围内，以技术创新突破治理瓶颈。二是以技术增效强化精准治理。针对服务与产品供给碎片化、同质化、低效化等现象，应面向机构、社区、家庭以及农村、城市等不同老龄化场景和异质性对象，加快以技术叠加、嵌入等方式，推动多种技术设备的集成开发、分布使用，完善技术产品与配套服务，丰富技术体验与实时反馈，提供基于普通与特殊应用场景的定制化、标准化技术服务，通过定向输送适应多种涉老情境的综合性、前瞻性技术解决方案，将整合性、规范性治理理念转化为场景化的软硬件支持系统，以技术创新增强治理效度。三是以技术共享强化包容治理。与技术颠覆式创新相伴的是，相当一部分身处"数字鸿沟"的老年群体正在承受技术变革带来的挤出效应并被边缘化。应坚持有所为、有所不为，将实现年龄友好、人的全面发展作为老龄科技创新的内生动力与价值追求，探索以线上与线下、传统与智能相结合方式，大力开发成本可控、信息安全、全龄适用，且兼顾老年人自理自主能力提升、"有温度"的公共技术服务与产品，同步开展老年教育、沉浸式体验、单元化推广、智慧环境营造、诚信体系建设等系统治理，提升老年人信息素养，消除技术焦虑；通过社会主义核心价值观和中华优秀传统文化教育等方式，增进代际沟通与文化反哺，示范性地建立代际间共同参与、设计、应用的技术共同体，协作跨越老年数字贫困，以技术创新促进代际合作与和谐。2020年11月国务院办公厅印发的《关于切实解决老年人运用智能技术困难的实施方案》，正是强化包容治理、让老年人更好地共享技术发展成果的重要体现。互联网技术是填补需求与供给之间鸿沟的利器。

通过互联网技术可以建立居家养老服务管理体系、老人日常监测应急服务体系等功能体系,形成现代化的养老服务模式。互联网技术的应用可以大大提升工作效率、降低工作成本,同时应用情景也更加广阔,让居家养老服务不必事事都依靠"人"来完成,减轻了服务人员的压力与负担。

第二个层面是生命智慧。生命智慧是人以身心融入自然,通过感知、认识和体悟生命而形成,能更深入、更本真地反映生命本源和内在规律,促进人与自然、人与人、身与心持续和谐变化发展的心智状态和心智能力。养老不仅仅是物质层面的照护,更重要的是能够上升到对生命的尊重,培育与教育生命的智慧,实现精神和心灵层面的升华。生命智慧的价值体现在:生命智慧是幸福社会、幸福人生的精神之源和思想之源。生命智慧与人的事业、生活、学习、人际关系、心智状态都有着最根本的联系。对生命智慧的认知、感悟和身体力行,将使人更深刻地感知到事业和工作富有价值和意义,精彩而有趣,生活健康、快乐,富有激情和充满爱,学习变得有方向、有核心、有系统、有价值,人际关系亲善和谐,利他好我,对自然、生命、人有用心及美好的感知和体悟,人也就更幸福。

吴甘霖在《生命智慧:活出自己的阳光》[①]一书中总结了一些典型的生命智慧。

第一是珍惜生命的智慧。活着,就千万别错过生命。在各种智慧中,生命智慧是离人最近、最重要却最不为人重视的智慧之一。每个人都只有一次生命,如何去面对生死,其实是人生最大的挑战。生命对每个人而言,都只有短短的一程。在这世上,我们人人都只走一遭。有不少人,因一点挫折就一蹶不振,甚至轻易地将

---

① 吴甘霖:《生命智慧:活出自己的阳光》,中国工人出版社,2003。

第六章　智慧造就：生命更圆满

生命丢弃。更有不少人浑浑噩噩，放纵自我，到最后却发现一生如同白纸。还有不少人虽然意识到把握生命智慧的重要，但却一直在黑暗中摸索，想突破无法突破，想超越没法超越，最后遗憾地离开世界。虽然人人都拥有生命，但不同的人却可以拥有不同的生命品质。生命智慧就是关于如何面对生和死的智慧。每个人都和一棵树一样，最可怕的不是外在的风暴，而是内在生命力的枯萎。而生命智慧就是生命力的根本，是生命力旺盛、长久和建设性的保证。因此，放弃生命是最大的愚蠢。当面临人生逆境时，无论如何也不要放弃生命。也许一切都可以放弃，但对生命的信念不能放弃。

第二是坦然面对死亡的智慧。学会把死亡当成生命导师。死亡带来心灵痛苦，可以用"绝望的炼狱"来形容，但当最终接受了这一残酷现实后，渐渐地，心灵可能就会产生一种积极转变，从而可能出现命运的完全改写。接触到生死问题，才是真正确定人生观的第一步，意识到人的局限，才可能获得局限中的"最大"。于是，自那以后，就很可能有了一种"倒过来"活的人生态度：年轻的时候，以一个老人的眼光来审视自己；年老的时候，以青春来要求自己每一天的生活。

第三是实现生命价值的智慧。让价值之星把生命照亮，生命需要意义支撑，没有意义支撑的生命，就是无根的浮萍。但生命的意义，并不存在整齐划一的客观标准，而是每个活着的人自己赋予的。人们可以把生命视为一束鲜花，一片阳光，一串响亮的欢笑。一切全在我们的赋予与创造。

第四是面对挫折和痛苦的智慧。学会承受生命中那份独特的忧伤。活着是一件艰难的事情，难就难在没有一个人会一切都如意。因此，每个活在世界上的人，都要学会面对生活的挫折与痛苦。挫折与痛苦，对有的人来说来得早一点，对有的人来说来得晚一点;有的来得多一点,有的来得少一点,但都会有,谁都不会例外。每个人都是独一无二的,每个人的忧伤与痛苦,也是独一无二的。

第五是达者的生命智慧。有这么一种人:他们双眼仿佛能穿透一切迷雾,双手能抓到问题的根本;在别人认为无法处理的阻力处,他们总能够巧妙地化解和躲过;永远乐观、旷达,生命于他们从来就不是负担,而是仿佛置身于天堂。当生命结束之时,他们绝无悲凄留恋之感。这与其说他们是一种十分健康的生命状态,毋宁说是一种生命的境界。这种人,可以称为"达者"。首先是对生命大道的通达。通达是对生命根本大道的相通。他们知道生命的珍贵,也懂得生命的局限,因此在生活中,时刻把握根本,不至于被那些可有可无的东西束缚住,更不会破坏自己生命的根本。其次是"零阻力"的旷达,生活在海阔天空的世界里,总有一种拿得起、放得下的气魄,不管生活中和心灵中有什么阻力,都能够巧妙地化解,所以经常处于"零阻力"的境界。最后是内在潜能的达成,由于他们能够积极而谨慎地让自己的内在长处与外在的优势实现最理想的结合,其内在的潜能能最大限度地实现。因此,达者就是一边进取,一边去粘解缚,从而得到人生的整体丰盈,获得潜能最大实现的人。达者能够实现如下的整合:自利利他、智德圆融、觉行圆满、进取与自由的统一。

这些生命的智慧不是天生就能在每一个人身上产生,因此,九如城致力于启迪与传播生命的智慧,通过养老教育帮助老人及其家庭更好地获得生命的智慧,达成人生的幸福圆满。

二、科技赋能养老

智慧助老,让银发一族体验触手可及的"幸福养老"。一边是

第六章 智慧造就：生命更圆满

日益凸显的老龄化现象，一边是飞速发展的数字化社会，如何让广大老年人也能跟得上时代的脚步，尽享科技进步的红利，是关系到未来社会运转治理、经济持续发展的重要课题，全面提升智能技术、产品与服务的适老性已成为社会热点和行业共识。

图 6-1　九如城智慧康养相关平台
（资料来源：九如城集团官网）

九如城作为一家深耕养老行业十余年，又不断学习和进化的机构，其实在智慧养老领域早已开始布局。智慧养老的第一步，就是教会老人使用现代化常用的科技产品，如智能手机、智能电视、智能护理产品等。九如城对每一位老人都是一对一教学，帮助老人熟练掌握智能电子产品的一些常用、必备功能，使得银发一族都能跟上时代潮流。同时，九如城相信，帮助老年人更好地融入数字化社会，家庭环节的努力也必不可少。子女们要创造机会鼓励老年人应用数字化产品，让老年人学习智能手机更有信心，要以更多的耐心陪伴教授他们学习必要的数字生活技能。为解决老年人面对科技创新带来的技术"鸿沟"难题，九如城集团联合江苏中大公益基金会通过线上教学打卡的形式，号召子女利用假期帮助父母学习智能手机，缩短老人们与数字化时代的距离。"为爱教学——教父母使用智能手机，享亲情好时光"活动，就是通过线上的形式，呼吁子女多教教父母使用智能手机、设备。"微信聊天、发语音、开视频、刷抖音、逛淘宝……"，参与者用不同的教学形式分享自己与家人的点滴日常，展现了最真实、最温馨、最感人的多面生活。图

6-2 是"中科西北星"智慧养老研发机构官网。

图 6-2　九如城"中科西北星"智慧养老研发机构官网

九如城还使用科技手段，为老人创造了一个安全的环境。在九如城的养老机构，都配上了必要的安防系统，比如各种传感器、摄像头、门窗磁、读卡器、门禁控制器和其他安防监测设备，提供随时监控、环境感知、入侵报警、紧急求助等安防功能，增强老人生活的安全性。

另外，九如城打造了一个智慧医康养平台，该平台是集"机构养老、社区养老、居家养老、康复医疗、政府监管、移动评估"为一体的信息化、智能化大数据云平台，可实现康养融合的养老服务管理、大专科医疗、健康管理、康复与护理管理服务、护理人员/康复人员教育培训管理、数据融合、政府监管、护理评估等众多板块功能。通过这个平台，九如城对每位老人的身体健康状况都非常清楚，如果老人某个健康指标出现和以往不一样的情况，九如城工作人员会及时知晓，从而对老人健康问题进行及时干预。

九如城还打造了一款"99 康养"应用程序（图 6-3），为老人提供一站式养老康复服务平台，涵盖"养老、教培、旅居、好物、康复、健康、医疗、公益"八大业务板块，全面覆盖老龄市场。平台旨在整合资源，提高效率，推动行业进步，为用户提供一个全方位、专业、可信赖的一站式养老康复服务平台。

图 6-3　九如城"99 康养"官网

2020 年，九如城借力抗疫，全面探索企业的数字化转型。其数字康养平台上线了"新冠肺炎实时救助平台"在线问诊等服务，解决用户疫情期间远程问诊的需求。同时，免费开放数字化平台、亲情视频系统、在线问诊、居家康复指导、疫情医护课程，将专家团队拍摄制作的 100 多课时居家康复课程，免费提供给老人及其子女在线学习。抗疫期间，九如城在短时间内开发应用了 AR 远程探视系统、多功能智能双目人脸识别系统、智能无线人员定位系统、数据融合远程问诊系统等，实现老人安全、健康、护理服务等智能监测的同时，还解决了老人与亲人们联络的难题，进一步提升老人幸福指数。这一系列应对措施，有赖于九如城此前对互联网赋能养老行业的探索。其打造的"互联网＋养老＋康复"数字康养服务平台，通过对社区、家庭、机构的大数据整合，更好地为老人提供在线咨询预约、在线康复指导、康复课程、远程探视、康复训练、医疗护理、家庭照护、用药管理等服务。平台以"内容＋产品＋服务"为核心，打通集团所属智慧养老平台、医院 HIS 系统、教育平台及线上商城等系统。除了为老年人服务之外，平台为养老机构及日间照料中心、社区照护中心搭建多元化信息服务对接平台，帮助其提升管理效率、降低成本。同时，为政府提供有效服务监管手段，帮助其准确掌握养老数据、监督养老服务实施、落实养老资金使用，实现当地养老"精准监管、精准决策"。接下来九如城将进行全面数字化转型，充分利用物联网、云计算和移动互联网等智能化技术，实现线上线下、医养结合的养老服务模式。

2021年4月27日，九如城集团还与金蝶集团签署了战略合作协议，金蝶将应用"金蝶云·苍穹一体化平台"的系统解决方案，为九如城量身定做"一体化九如智慧云平台"，用信息化助力九如城集团实现数字化转型战略布局。九如城将依托全新数字化平台打造九如城数字化管控体系。通过"金蝶云·苍穹"的技术中台，构建九如城的业务中台和数据中台，加强集团管控的标准化和集约化，实现全面的智能、协同和共享，支撑九如城未来战略实现和业务发展。

三、教育成就价值

（一）让老人不被时代所遗忘

人口老龄化给社会和个人带来了双重挑战，如国家财政压力增大、社会中养老资源和养老人才短缺、家庭负担加重、老人承受着巨大的精神压力等。老人的精神生活需求不仅关乎老人晚年的生活质量，还关系到社会的和谐稳定，是老龄化社会中不可忽略的问题。

同时，当代老年人对于精神生活的需求是与时俱进的，从休闲、消遣性的娱乐追求逐步走向更高层次的需求，这种需求是融娱乐与知识为一体,不仅能够促进自身健康发展,同样也能够实现人生价值。

网络红人"只穿高跟鞋的汪奶奶"曾在一个节目中说:"年龄只是一个数字,无论一个人的年纪多大,都要勇敢地追求自己的梦想。"从中可以窥见当代老人对于精神生活的追求取向,他们对于自我价值和自我梦想的实现依然十分执着。

银发网红和网民的涌现以及网上老年教育的发展,正是老人这种高层次需求的一种体现。他们渴望学习新知识,渴望与外部进行交流。正如林采宜博士曾指出的:"退"和"休"之间没有必然联系,从某个职业角色退出,对很多人而言,是新生活的开始。

图 6-4　银发直播折射老人的学习意愿与学习力

(资料来源:抖音账号"杏奶奶生鲜果园"和"只穿高跟鞋的汪奶奶")

> **银发网红直播,人气不输年轻人**[①]
> 　　央视新闻发了一篇文章,陕西一位 80 岁高龄的老人崔

---

①　参见谈义良:《让长者不被遗忘在时代发展之后》,https://mp.weixin.qq.com/s/5U43J3IkXZnHCVQJV3Z-Ew,2020 年 7 月 14 日。

淑侠变身带货主播,帮助孙子销售当地大红杏。"40"后的老人面对镜头妙语连珠,带货的视频点击量过千万,每天帮助销售家乡的红杏过万元。如今,像崔淑侠这样的银发网红还有很多,他们熟练地使用网络直播工具,在大众印象中属于年轻人的直播和短视频平台中,展示自己的生活,颠覆了人们对于老年人的认知。如"济公爷爷-游本昌""只穿高跟鞋的汪奶奶""流星锤老爹"等头部银发网红的粉丝量突破千万,人气丝毫不输给年轻网红。

尤其今年的新冠疫情为老年人触网加了一把火。各短视频直播平台中老年人群占比数量大幅提升,老年教育、老年健康、老年理财等领域直播收获了大批银发网民。相关数据显示,2020年春节后,在线教育中46岁以上用户由平时的10.9增长至14.5%,中老年用户增长明显。

老人对于网络的接触与运用程度超出我们的想象。大众的观点普遍都是年轻人离不开互联网,其实老人也一样。在信息化的现代社会中,网络给我们的生活带来了便利,人们也在互联网的海洋中获得更多的讯息。互联网对于老人来说同样重要,它将成为老人与世界沟通的窗口。疫情后,线上经济将加速发展,线上教育、线上问诊、线上娱乐等成为一种趋势,且这种趋势是不可逆的。而以往在我们的印象中,老人是落后的、接受能力和学习能力弱的群体,他们退休之后的生活就是看看电视、打打麻将,打发打发时间。但年龄从来不是划分生活方式的标准。银发网红的出现以及大批老人触网的现实告诉我们,老人的学习欲望和学习能力丝毫不亚于年轻人,他们也可以用科技改变自己的生活。可以

第六章 智慧造就：生命更圆满

> 想象到，这些老人是如何从磕磕绊绊的摸索到熟练使用这个短视频直播平台，自然且真诚地向人们分享他们的技能、观点以及日常生活。也可以想象到，这些老人看到陌生人的鼓励、赞赏时满足、开心的笑容。可以说互联网为老人的晚年生活带来了各种可能性，他们可以利用互联网进行继续学习，追求自己的梦想，过上自己理想中的晚年生活，可以利用互联网排遣寂寞，感受来自陌生人的善意。
> 　　这种对于新鲜事物的接受能力与学习能力也间接地决定着老人晚年生活的质量，让老人重新回归丰富的社会生活，走进缤纷多彩的老年精神家园。

然而，疫情期间健康码在国内的广泛应用暴露出我国老年教育的诸多不足。扫码、认证、填信息、出示健康码，对于年轻人来说轻而易举的操作，却成为疫情期间老年群体出门路上的"拦路虎"。老人没有健康码进不去地铁站，乘坐不了公交、火车、高铁的报道不绝于耳。众多老人被困在小小的一个健康码中，寸步难行。新科技带来的便利以及新时代进步的红利仿佛与老人无关，他们无形之中被时代拒之门外。但科技创新的初心从来都是为了方便人们生活，让全体人类获益才是科技发展的最终目的，而不是方便了年轻人，却让数量庞大的老年群体无所适从。尤其疫情期间，必须先手机预约才能进入医院，甚至有新闻报道，一家医院为了方便管理直接取消了现场挂号，对那些儿女不在身边又不会操作智能设备的老人而言，挂号看病甚至比登天还难。

在衣食住行都要依靠智能手机的今天，老人对于时代的不适应早在生活的各方面都有所体现。现在年轻人都习惯了的移动支付、"一码走天下",对于老人而言却成为他们与这个时代之间不可逾越的大山。不会使用智能设备让老人成为了"沉默的大多数"——中国 60 岁以上的老年群体目前达到 2.64 亿人[①],但是 55~70 岁的微信用户只有 6 100 万人[②]。这两个差异巨大的数字背后,是两亿老人的"沉默"。

(二) 养老教育成就生命圆满

老人退休以后,离开了工作的岗位、放下了生活的重担,也逐渐失去了以前的社会地位,成为了社会的边缘群体、别人眼中需要照顾的弱势群体,随之而来的失落、孤单、迷茫的情绪不断蔓延,空虚、无所事事成为了他们的生活写照。其实,随着物质生活水平的不断提高,越来越多的老人注重提高生命质量的精神生活,而他们只有积极融入社会之中才能享受到生活的乐趣。这些老人在退休前都掌握着各种工作技能,曾经为国家和社会做出过巨大的贡献,退休后有时间、有精力并且也想继续为社会做出贡献,因此发展"养老+教育"对于老人、社会和养老行业都有益处。只要社会重视老人的价值,让他们调整好心态,积极乐观地投入到学习之中,更新知识结构,将自身经验与先进知识相结合,一定能够帮助老人"再社会化",让他们发挥余热,为美好社会建设贡献力量。银发浪潮催生老年教育,老人和年轻人应当共享人生出彩的机会。孝为文化便是"教",养老人应该将老年教育摆在重要位置,实施"养老+教育"战略,不仅能够培养阳光向上、与时俱进的老年人,实现"老有所学、老有所教、老有所乐、老有所为",更是响应国家学习型社会建设和终身教育的号召。

---

① 国家统计局:《第七次全国人口普查公报(第五号)》。
② 腾讯科技:《微信老年用户超 6100 万,老人也过智慧生活》,https://tech.qq.com/a/20181016/013129.htm,2018 年 10 月 16 日。

第六章 智慧造就：生命更圆满

九如人从内心深处希望时代进步能够帮助到老年群体，让他们能够享受新时代发展带来的便利，也让他们能够继续将自己的智慧和经验奉献给社会。

因此，九如城在不同的场合反复呼吁，要有更多的人来关注老年群体在科技社会中的生存情况，多为老年群体留一点生活空间，帮助他们融入社会，享受科技进步带来的成果。老人也曾是时代的弄潮儿，他们也曾经像我们一样站在时代发展的最前沿。时代将会不停地向前发展，现在的年轻人也终将成为后辈人眼中"落伍"的老者。善待老人就是善待未来的自己。年轻人对于老人多一点耐心，也是给自己的老年生活多一点包容的空间，别让老人被新时代拒之门外。

老年教育的意义就是让老人共享时代发展的成果。"莫道桑榆晚，为霞尚满天"。九如城的养老理念经历了从养老到教育的转变。九如人期望老人能够在退休之后依然保持学习，为社会再做出自己的贡献，实现人生的价值。

从个人生命角度来看，老年教育是老人作为一个生命体不断成长、不断完善的需要。通过老年教育，可以帮助老人心智更加成熟，提升他们向善、向上的能力。从社会的教育来看，无论老年人还是年轻人，都是社会人，有着寻求社会认同、实现自我价值的需要。老年教育就是让老年群体能够老有所学、老有所乐，是老年群体赋权增能、老有所为，实现生命第二次成长的现实需要。更重要的是，经过疫情的洗礼，我们都能清楚认识到，老年教育最基础也最重要的意义就是让老人共享时代发展的成果，让老人与新时代共发展、同进步，而后才能让老人再成长、再贡献、再辉煌。

基础老年教育已经迫在眉睫。它关乎老人老年生活的质量，也关乎老人生命质量。老年教育就像是帮助老人打开一道道走进新时代的大门，让他们在日新月异、飞速发展的时代里能够活得更有尊严、更幸福，让他们即使是在暮年，也能公平、公正地享受公民应该享有的基本权利和社会福利。

学习是最好的养老。九如城相信，随着社会经济的发展，老年教育的发展程度将越来越成为社会文明进步的重要标志。九如城"从养老到教育"的战略路径，就是旨在通过老年教育，让老人能够终身学习，找到生命的价值。

九如城要做的就是为老人提供一个可以发挥余热、为社会再作贡献，再创新辉煌的平台，让他们可以找到退休后生命的另一种打开方式，将"银发潮"转变为社会的一股强大的正能量。

那么，现在老年人的生活需求跟十年前相比，最大的区别在哪里？九如城通过实践和研究发现，十年前的老人们也许根本就不知道自己想要一个怎样的老年生活方式，因为他们不知道自己未来的身体机能衰退后会变成什么样子。当他们没有想要的生活方式的时候，可能只要满足他的基本需求，如"吃、住、医"就可以了。但现在九如城慢慢知道了，因为九如人也在不断地引导他们，呈现更好的老年生活方式给他们，让他们可以更开心地生活。比如不定期地把很多老人聚在一起读书、活动、开党员会议等，引导老人走出房间，参加集体活动，特别是让老人学习传统文化，让老人学"父母之道"。实际上有很多老人到七八十岁仍然不知道什么是父母之道，"子孝首先要父慈"。九如城还专门开设了老年生涯教育。而有些子女也不知道什么叫"子女之道"，九如城针对子女开设了"孝道学堂"，让子女学习什么是孝道，进而回归家庭。其实养老院就是一个虚拟的家，有子女，有父母，有父母之道，有子女之道。谈义良说："所谓在房间当中弄一个灶台等这些都是有形的，我们要做的就是帮他们打造一个无形的家，这样即使他们子女不在身边也没关系，老人只要看到院长在，看到护理员在，他们就会很放心。"特别是在疫情中，养老院封闭管理，子女难以探视老人，但老

第六章　智慧造就：生命更圆满

人们只要看到院长在,他们的心就会很安定,院长对老人而言某种程度上比子女还亲,因为他们天天在一起。院长每天都会去看望老人,通过老人的脸色,老人的表情,就能及时知道老人的状况。

谈到养老教育的时候,谈义良进一步强调,对于普通人而言,更多的人愿意去奉献爱,而不是想得到爱。因为想得到爱,人家给你,说明你是弱者;奉献爱,你奉献给人家,说明你是强者。所以每一个人的内心当中都愿意奉献爱。这就需要去激发他们,帮助其建设心灵品质。所以关于幸福,只有同时拥有健康的身体和健康的心灵才是真正意义上的拥有幸福。因此,九如城才提出要从养老到教育,来帮助每一个老人建设心灵品质,成就更多的人,来更好地呈现生命价值。

九如城认为,教育有两个层面。一是传播智慧,其实九如城现在就在传播圣贤的智慧,即"圣人之道,可学而至"。二是传播幸福,给予别人幸福的根本点在于能打开心结,这其中包括了四个心结——自己的心结、老人的心结、子女的心结、员工的心结。打开心结,就一定能传播幸福、传播一种精神,让所有的人都去传播正能量。如果一个人打开心结以后,一定会用心去做各种各样的服务,这传播的一定是心的文化,给别人的一定是心里面的幸福。

九如城做养老教育提倡的是教育老人锻炼好身体,争取自己今后可以不进或晚进养老院,九如城将会推动这个群体一起学习成为志愿者,在志愿活动过程中培养出好心态,从而降低生病的概率。他们也可以成为九如城的客户,但他们不是养老客户,而是学习的客户和教育的客户,在这样的氛围中大家锻炼身体,确保身体强健,可以更好地节约社会资源。

实际上,养老教育很大程度上不是九如城来教育老人,而是通过九如城所营造的氛围,推动九如人、老人、家属及社会人士一起来做教育。九如人相信,相较因为失能失智而不得不入住养老院,老人们更愿意一起交流、学习、做教育,从而到达强身健体、提升生命质量的目标。九如城倡导,60岁开始规划,先学习5年,接下来再做15年的志愿者,之后20年来享受时间银行的志愿服务。谈义良将会亲自进行示范,做新时代的新模范,身体好、精神好、生活好、家庭好,晚年生活将会更加幸福圆满。

九如城的教育目前主要有三个层次。第一,是客户群体的教育,教授老年人养花养草或者如何进行健康养生。第二,帮助全社会树立正确的养老理念,引导建立全社会对老人的尊重、关注、关爱。第三,是关于生命的教育。从这一层面来看,老年教育的目标对象就会延伸到老年人之外,涉及对年轻人的生命教育。九如城推出的老年模拟体验,实际上就是一种生命教育。老年人走得慢、坐在轮椅上、说话慢等,不是因为他想要慢,是因为生理条件就是这样。

还有一个重要的领域就是生死教育,中国人对生死的教育较少。九如城倡导二十年生命价值,主要就是指60～80岁这一阶段。60岁主要是生命的价值教育,而80岁以后则是生死教育。生死教育又称为死亡观念的教育,主要是帮助老人认识到如何幸福安详地走完生命旅程。同时子女也没办法和父母沟通这样的话题。因此,可以尝试通过一些课程,用最直观的模拟去帮助人们感受、体验、理解。这实际上也是老年教育的重要内容。

九如城众多养老机构中也涌现过很多养老教育的典型事例,令人触动。九如城宜兴护理院有一位罗老师,退休以后继续在很多地方讲课,他说当了一辈子老师,退休以后还要讲,这完全是免费的公益性服务。每次到九如城开设公开课,他都很有激情,讲得十分投入。九如城给了他一个舞台,对于罗老师来说,能够在这一舞台上展示自己,一定是很快乐的事情。

因此,九如城认为,老年教育中最重要的是唤醒老人的内心,唤醒他们生命的力量。老年教育不是教授专业技术。对于他们来说,生命的力量就是为社会做贡献,体现出人生的价值。九如城就要提供这样的场景。当然,想要提供这样的教育服务从而为社会做贡献,还需要两个条件,一是要有能力去产生贡献,比如去做力所能及的劳务工作,或者能够去分享有用的经验,二是能够帮助他人解决问题。老年教育里面,要唤醒生命中的力量,这个力量就是要找到他们展示能力的场景。其实,大多数老人并没有必要去学太多不现实的知识,例如开发软件做程序员、去做泥瓦工、去做农民工。养老教育更多的是希望帮助老人发掘现有的能力并充分展示出来。老年人60多岁再去学习,比如学书法,其水平和从10岁开始学习当然不可同日而语,而且也可能没办法放到公共场合去展示来证明这样的能力。

九如城认为,老人学不好、学不精就不必学的传统观念应当要改变,年轻人学书法和老年人学书法是两种不同价值的呈现。练习书法不是为了展示写得有多好,而是老人内心的一种释放。能写多好就多好,不是为了今后去销售获利的问题,也不是得到社会认可的问题,这完全是发自内心喜欢来做这件事情。所以要找到老人内心当中的兴趣点,非常关键。九如城认为,一定要破除60岁以上读书跟10岁、20岁读书一样的价值取向,老年教育的重点就是教育老人,现在学习不是为了去社会上和年轻人抢工作,学习是为了找到自己的兴趣点,是内心的一种释放或者充实。老年教育唤醒生命中的力量,这个力量就是快乐,享受学习的时光。也许是老人在60岁之前没有发现的天赋,现在可以挖掘内心最有生命价值的东西,只要去尝试就可以,在教育过程中有一点点改变就行。例如,如果通过九如城的教育及引导,老人对第三代的教育有了进步和改观,这就会对他们的家庭产生积极的影响。

第二个层面,要做新时代的样板。谈义良自己就要做榜样,甚至会找专业团队设计出老人的新形象,让这个年龄的人仰慕这样的风度。不仅仅是外表的风度,还有内在的丰盈,更重要的是拥有健康的身体。通过榜样的力量来告诉老人,他们也可以做到这样。这就是说要通过教育引导 60 岁以上的人,学习管理时间、规划生活,养成健康的生活习惯。这样可以更长久地为社会奉献,越奉献会越快乐,越快乐身体往往也会越好,这又回归到了九如城所倡导的幸福生活。

因此,老年教育就是为了幸福,幸福是为了更健康,更健康就会为社会节约财富,做出贡献。当一个人年老时也能幸福和健康,这本身就是对社会做出贡献。此外,这也是对自己生命最好的回馈。这两个层面就是老年教育最大的价值。老年人教育最核心的是通过唤醒生命的力量,对社会的回馈,实现一种生命的丰度。

九如城规划的养老教育,具体涵盖了以下内容。第一是技能教育,如生活技能(运动、时间管理、养生)、理财、和家人相处的技能、老年后和子女相处的能力等。现在很多社会新闻反映年轻人担心老人带孩子出问题、和儿媳妇相处出现矛盾等,其实老人也是第一次经历这样的过程,他们也需要学习。第二是公益教育,包括让老人担任志愿者服务社区、服务社会,甚至服务养老机构。第三是生命教育,生命教育包括了生死教育,也包括了幸福的教育,对幸福的理解完全可以达到更为崇高的境界。

养老机构成为教育机构,这就是九如城重新定义养老行业的顶层思想。九如城不仅要满足顾客已有的需求,更要去创造和引领顾客潜在的需求。九如城相信,老人心中本有万亩良田,只待九如人去帮助他们开发,继续为社会发光发热,贡献生命价值。而每一位九如人都是教育工作者,首先要建设好自己的心灵品质,再用利他之心去成就每一位老人,成就每个家庭圆满。九如城愿成为中华优秀传统文化的传播者、践行者、推广者,培养老人积极向上的生活观,学习中华优秀传统文化,接受社会新信息,让老人从生活的旁观者再次转换为具有活力的奋斗者,以积极的姿态来看待人生。

第七章
幸福成长：社会至和谐

一、九如幸福体系

以"孝爱家"为核心构建老人、员工和家庭三个系列的幸福体系,并以此为基础进一步在行业和社会进行推广,是九如模式的重要内容之一。九如城深耕养老行业多年获得的一个重要启示是:养老的本质是孝道,孝道的载体是家庭,家庭的向往是幸福。九如城做养老的根本目的是在于让老人幸福快乐地度过晚年生活。而老人的快乐,除了来自养老机构的护理服务及社区居家上门服务,还来自家庭的幸福。只有真正去帮助老人建设圆满幸福的家庭,才能真正为老人提供快乐与幸福。为此,九如城将"家庭的向往是幸福"作为其养老事业最根本的追求,强调未来所有的康养服务都应回归到家庭,实现"三个直达"——直达老人、直达员工、直达家庭。

长者幸福体系,首先就是要帮助老人以更为阳光的心态去生活,通过教育和引导使之"仁义、慈祥、快乐",即懂得感恩社会、懂得慈祥,提升自身的心灵品质。九如城相信,父母不慈祥,子女往往也不孝顺,子女不孝顺就没有家庭的兴旺。老人的具体幸福标准,必须要依靠养老机构的院长在基层工作中一步一步去摸索,跟老人去深入交流,在实践当中进行总结。通过长者幸福体系,让阳光照进长者心田,让老人懂得生命的意义,常怀感恩之心,愿意去帮助他人,实现生命价值。

员工幸福体系,就是要让员工尊严与爱同行,要让每一位员工得到充分的尊敬。九如城在工作实践中发现,员工流失的第一大原因往往不是薪资问题,而是尊敬的问题。因此,员工的幸福体系要从尊重开始。公司在组织活动时一定要有仪式感,一句很温暖的话就能让员工开心。员工幸福体系建设要注重在心灵深处建设心灵品质,建立心与心的连接。同时,还要以福利机制作为保障,提升员工归属感和社会认同感,最终找到工作的成就感,从而更加用心服务,能够倾听到老人无声的呼唤,与老人建立心与心的连接。

家庭幸福体系,就是要让家庭孝与温暖同在。老人慈祥,子女孝顺,这一定是很幸福的家庭,养老和孝道不可分割。九如城鼓励家属参与院际管理,参与到院际的幸福体系建设中,例如参加老人的精英奉献会和学习交流分享会等,使得家属也能够成为孝道文化的传播者和服务他人的志愿者,在帮助更多老人的同时获得幸福感。图7-1是九如城幸福体系的实施场景。

九如城对幸福体系实施效果的考核有直观的经验标准:老人幸不幸福看他的眼睛有没有炯炯发光;员工幸不幸福看他的脸上是不是笑容满面;家属幸不幸福看他愿不愿意把自己的父母在养老院的各种场景及服务他人的照片分享到自己的朋友圈,员工的家庭成员是不是愿意自豪地在各种场合说"我的家人在养老院工作"。九如城相信,只有大家真心觉得养老是一个崇高的事业,形成良好的氛围,才能够真正唤醒每一个人的心灵宝藏。

目前,九如城所有的区域公司、养老机构和社区服务站点都在推行幸福体系,同时,在实施过程中进一步提高落地性、指标性和体系性,进而不断完善幸福体系。未来,这三大幸福体系还要更多地推广到行业乃至全社会,打造社会发展示范样板,提高全社会的幸福水平。具体的幸福体系建设计划是,首先在公司所有的系统、覆盖的30个城市、5万张床位服务当中全面推广幸福体系,完成九如城旗下所有机构和社区的幸福体系落地,与原有养老服务运营体系并轨进行,实现年度双重考核。随后将企业幸福体系开放到整个养老行业,推动至少1 000家机构采纳运用九如城的幸福

第七章 幸福成长：社会至和谐

图 7-1　九如城幸福体系的实施
（资料来源：九如城公司内部资料）

体系。同时还要努力建设 1 万个幸福示范社区，在养老机构所在区域推广幸福机构、幸福社区、幸福居家，初步形成区域化幸福社会体系，惠及亿万家庭。

二、建设"孝爱家"

（一）长者幸福体系

关于老人幸福感及其评价的一系列研究为九如城开发建设长

者幸福体系奠定了充分的理论基础。总体来看,现有的老人幸福感评价主要集中于以下方面。

一是健康的体魄,主要是从医学角度对老人健康进行综合评价。众所周知,身体健康是老人幸福的首要条件。现代人虽然长寿,但不少老人在晚年其实备受病痛折磨,身体健康的老人随着年龄增长将会越来越少,这将会严重影响老人的幸福感。身体健康是享受幸福生活的前提,一个身体健康的老人,每天可以自己独自走动,不需要提心吊胆,免于受病痛的折磨,可以随意地享受美食,不需要太多的忌口,这样的老年生活一定是许多人都渴望的。

二是必要的经济保障,主要是从财务状况和经济可持续等角度评价老人的经济负担能力。在身体健康之外,经济状况和物质保障也是决定老人幸福的必要条件。钱虽然不是万能的,但现代化的生活也是物质化的生活,拥有一定的经济基础才能让老人有条件去做自己喜欢做的事情,丰富晚年生活。现代社会生存压力大,子女往往背负着房贷、车贷以及下一代的教育费用,因此可能没有剩余的金钱给父母。老人自身有一定的经济基础,拥有一定的物质保障,对于晚年幸福生活十分重要。

三是家庭的和睦,主要是评价老人和子女及其他家庭成员之间的关系。子女孝顺是老人幸福的必要条件之一。子女孝顺不仅仅是指物质上的奉养和照料,也表现在精神上的关怀。老人比较缺乏安全感,因为他们的身体机能已经退化,记忆力不如从前,这时候他们会像小孩子一样渴望得到子女的关心,期望子女给予他们精神上的安全感。子女孝顺在很大程度上决定了老人晚年精神生活的质量,如果子女对父母不闻不问,在父母生病的时候不管不顾,就算父母不缺钱,这样也会让老人的晚年生活遭到巨大的精神打击。

四是老人的主观幸福感。主要是采用幸福指数来衡量幸福感受的具体程度,是体现主观生活质量的核心指标。国外关于老年人幸福指数指标体系的研究开始得较早,典型的如费城老年中心信心量表、纽芬兰纪念大学幸福度量表等。这些量表可以检查被测试者的正、负性情感和正、负性体验,能够较全面地反映其幸福感。近年来,国内研究者在上述量表基础上也开发了更具本土应用价值的主观幸福感量表,大多聚焦五大领域,包括身心健康(含身体健康、兴趣爱好、娱乐活动、情绪状况四个二级指标)、物质条件(含经济收入、住房条件、生活质量三个二级指标)、家庭幸福(含家庭氛围、子女陪伴时间、子女生活状况、子女尽孝、婚姻生活五个二级指标)、社会环境(含社会保障、医疗保障、社会风气、生活环境四个二级指标)、人际关系(含人际广度、人际和谐、人际评价、他人尊重、社会地位五个二级指标)[①]。

依托上述研究成果以及对所属养老机构入住老人的深入调研,九如城已经形成长者幸福体系建设的基本思路,目前正在着手开发制定长者幸福体系的具体指标、评价标准、评价方法及操作指南。可以预期,九如城更为成熟的长者幸福体系将会很快形成具体方案并付诸实施。

(二)员工幸福体系

员工幸福体系是九如城目前最为成熟的幸福体系之一。谈义良认为,判断一个企业发展是否稳健而有潜力,主要是考察员工的幸福感。对于九如城来说,员工幸福是老人幸福的基础,没有幸福感的员工很难实现养老机构中老人的幸福,而员工的幸福又离不开员工家庭的幸福,这无形中就形成了"老人—员工—家庭"三者之间的一个闭环机制。谈义良经常反思,这个闭环机制的原点是

---

① 余敏、闫涛蔚、张祥林:《老年人幸福指数指标体系研究》,《商业文化(学术版)》2011年第11期,第291—292页。

员工幸福,那么自己和公司究竟有没有真正给予员工幸福,对员工的关心、爱护和付出是否足够?在各种场合,谈义良都会发自肺腑地对所有九如家人说:"感谢你们这一年的努力,你们是九如城发展的坚实根基,是我们最大的底气。"谈义良衷心希望员工能够发挥各自的潜能,在贡献中成长。九如城也将致力于以员工幸福体系为保障,不断提升员工的认同归属感和使命荣誉感,让每一位九如家人都能幸福圆满。

目前,九如城员工幸福体系主要包括以下内容模块。表7-1是九如城员工需求与幸福举措明细表。

表7-1 九如城员工需求与幸福举措明细表

员工幸福需要种类	幸福举措	幸福项目	说明
基本需要	薪酬福利	良好薪酬与福利待遇	制度保障员工福利与各类补贴安排
	健康休息	休息休假、关怀保障	
	就餐补贴	食堂伙食、餐费补贴	
	住宿政策	员工宿舍、购房优惠、住房补贴	
	适宜行旅	交通补贴、出差待遇	
安全归属	环境安全	尽可能改善工作环境、防暑降温	为一线员工提供防暑降温费用
	保险福利	雇主责任险、社会统筹保险	提供员工在职社会保障、退休保障
	员工关怀	红白喜事、节日慰问、体检	提供员工福利
	团队活动	学习小组、兴趣小组、团建	提供团队活动机会与费用支持
	工作保障	视老员工为公司财富	提供长久、稳定工作职位

续　表

员工幸福需要种类	幸福举措	幸福项目	说　明
尊重求知	员工参与	职工代表大会、员工自我管理、轮流主持会议	提供员工参与企业管理机会
	自学鼓励	职业资格考试、后续学历教育支持	鼓励职业取证学习、后续学历学习,给予相应奖励
	轮岗计划	轮岗计划	提供内部轮岗机会
	内部培训	入职培训、技能培训、院长营、先锋营、站长营、青年骨干营、菁英计划	内训保障员工成长
	外派送培	同行交流、专题会议、学校学习	外训提升员工能力
自我实现	内部导师	内部导师	为员工设立成长导师
	职业发展	职业生涯规划与辅导	帮助员工设立并完善职业规划
	绩效管理	绩效面谈与绩效沟通	帮助员工提升绩效
	内部创业	支持创新创造、内部创业	鼓励成立营利机构或公司
	媒体报道	媒体报道	鼓励先进,评优创优
超越自我	志愿者	担任义工、志愿者,参加社会公益活动	鼓励员工参与社会公益服务
	文化传承	记载、表彰高尚品格言行与事迹	追寻人生真理与价值,常年持久利他、孝爱文化理念传播与身体力行
	至诚生命	存储、宣广员工具有永恒品质的艺术作品	具有广泛影响与永恒意义的艺术作品表达

续 表

员工幸福需要种类	幸福举措	幸福项目	说　明
超越自我	英雄壮举	记载英雄壮举，留下图文影像资料	记录为维护国家、集体、他人利益奋不顾身的英雄壮举与行为

　　模块一是员工幸福体系概述。公司对该体系的定义，一是为加入九如城的员工提供良好的职业发展途径，公正透明、信任的工作环境，和谐友爱的九如城大家庭氛围，帮助员工实现自我价值的机制；二是为入职满一年的员工建立幸福档案，并因在本公司的工作履历获得九如城给予员工本人及其家庭成员的一系列福利和优惠政策之和。同时指出建立该体系的目的是为了实现九如城的战略目标，增强员工归属感与幸福感，践行九如城引领养老行业的愿景。

　　模块二是员工需求层次界定。该模块主要是根据马斯洛需求层次理论，对九如城员工的基本需求、安全归属、尊重求知、自我实现与超越自我五个层次的需求进行具体界定，并与相应的幸福举措对应。

　　模块三是五大幸福计划。"九如优遇"计划指，九如城所属企业任一机构、项目或网络平台向社会公众公开提供的有形商品或无形服务，员工都享有优先购买权和优惠购买权，涵盖了健康体检、特权商场、员工福利卡、旅游或文化体验、健康服务、团建体验等多个领域。"九如优享"计划指，九如城为司龄满一年的护理人员提供多种保险保障，主要包括"人身意外险""意外险＋住院医疗保险""意外险＋住院医疗险＋重疾险"等。"九如优渥"计划指，九如城所有在职时间满一年的在职员工家属入住集团所属养老机构、康复医院，会根据员工司龄不同给予不同幅度的折扣。"九如优泽"基金会计划指，以员工自愿自筹的方式每年缴纳一定基础费用作为原始资金，企业以同比例出资共同设立"优泽基金"并委托专业管理，当员工发生重大意外或疾病、家庭重大变故或急需资金时，可由该基金会出资帮助员工共同解决问题，渡过难关。"九如优福"计划指，员工可以服务于九如城的时长换取本人未来退休后优惠入住九如城所属养老机构、康复医院的时长。

模块四是员工幸福档案。九如城为每一位加入公司且工龄满一年的员工建立员工幸福档案，同时建构相应的支持、帮助与奖励机制，助力员工人生成功。在此档案中，由人力资源部门记录员工在九如城的幸福历程，包括入职时间、学习与成长、参与企业管理、职位变迁、加薪晋升与所获表彰、担当志愿者等内容，帮助员工全面实现人生价值。表7-2是员工幸福档案的主要内容。

表7-2 九如城员工幸福档案主要内容

职业发展记录	● 公司为员工提供职业发展通道和广阔的发展平台，帮助员工作好职业生涯规划，记录每一个员工的内部职业生涯的成长历程
内部创业记录	● 公司鼓励员工进行内部创业，并给予相应的人、财、物支持，员工内部创业成功，公司给予相应的现金激励，具体激励政策在员工内部创业开始时予以发布和确定 ● 公司鼓励员工成为公司内部创业的合伙人，共同参与管理及绩效分成
求知记录	● 公司根据员工实际和公司需要，安排员工参加公司内训或外派送训，以提升个人技能与素养 ● 公司鼓励员工自学，自我提升个人技能与素养，同时提供轮岗机会，点燃员工的工作兴趣并有利于员工自我职业生涯规划的确立与调整，实现员工与公司相互成就与双赢 ● 公司鼓励员工自行提升学历、考取公司需要的相关职称或资质证书，并由区域公司制定相应激励政策，给予此类员工相应奖励

续 表

媒体报道	● 员工个人先进事迹获各级政府表彰和奖励经社会公众媒体(主流媒体如报纸、电台、电视台、新媒体平台等)正式报道的,公司予以记载,并为员工永久保留报道媒质和信息资料 ● 员工个人接受政府表彰、奖励和政府主流媒体报道的,公司也将给予相应表彰和奖励,并在员工调薪晋级上予以重点考虑
志愿者记录	● 员工个人或员工带领家庭成员一起担当公司内部志愿者,提供义工或志愿者服务 ● 担当志愿者并获得有效时间记录,累计一定服务时长可以获得九如城相应福利,服务时长多者,也将更有机会获得公司岗位轮换、加薪、晋升机会
文化传承与至诚生命	● 员工个人在中国孝爱文化传播与践行方面做出特别突出的贡献(包括养老及其他领域的专利发明、技术实践成果、学术成就、科学发现等),公司对其言行与事迹予以记载、宣广和表彰 ● 员工在艺术创作方面取得广泛影响力的成就,公司存储、购买其作品,并予宣广和表彰
英雄壮举	● 员工不顾自身安危同违法犯罪行为做斗争,或者以抢险、救灾、救人等方式保护国家、集体的利益和他人的人身、财产安全的见义勇为行为,公司予以永久记载、表彰和宣广 ● 员工肩扛正义,抗击邪恶,无私忘我壮烈献身,公司予以永久记载、表彰和宣广

(三)家庭幸福体系

人的幸福一定是在家庭当中呈现,家庭是最幸福的港湾。家庭的发展与幸福,关乎每一个家庭成员的福祉,也关乎社会的稳定发展。

目前,有关家庭幸福的测量评价方面,已有研究从人口学、社会学、管理学等不同学科视角出发，利用指标化方法构建了一系列包含主客观指标的衡量体系，如客观指标包括家庭的规模、结构、婚龄等人口学指标，主观指标包括家庭关系满意度、家庭物质生活满意度、家庭内聚力的融合度以及家庭冲突的调适度①。也有研究从家庭成员的社会经济特征、家庭的结构和关系、家庭资源的分化以及家庭成员角色的性格差异维度进行测量②。还有研究构建出家庭幸福的整合框架③，主要分为客观条件、主观满意和家庭幸福感三个层次。家庭客观条件层次主要包括家庭经济条件（如家庭的经济收入、家庭的住房情况等）、家庭社会保障状况（医疗保障、养老保障、失业保险等）、家庭安全状况（家庭的财产安全、家庭成员的人身安全等）、家庭成员关系状况（夫妻关系、其他家庭成员的关系等）和家庭成员健康状况（家庭成员患有重大或慢性疾病情况等）。主观满意层次主要是对家庭客观条件具体维度的主观感受和评价。最终的家庭幸福感就是主观感受层次的综合。当家庭成员对家庭的各个客观层面均比较满意时，家庭的幸福感较强。但是家庭成员如果对家庭的某个或某些客观层面十分不满意时，家庭的幸福感较低。研究者可以对各个客观层面主观感受的综合得分进行计算，进而得到家庭幸福的最终得分。

　　上述研究成果为九如城制定和实施养老领域的家庭幸福体系奠定了理论基础。九如城坚信，养老最终要回归家庭，中国传统文化当中的儿孙绕膝、家庭团聚、天人之乐反映的就是这个道理。因此，九如城要回归家庭，让那些因各种原因无法或不愿入住养老机

---

① 严静、林本：《幸福家庭的分析框架与本土化建构》，《福建江夏学院学报》2012年第2期，第93—99页。

② 严静：《幸福家庭的影响指标体系与解释框架——人口学视角的解读》，《东南学术》2013年第2期，第158—166页。

③ 童玉芬、盛亦男：《家庭幸福的概念与指标体系的构建》，《人口与发展》2014年第4期，第87—95页。

构的老人在自己的家中也能享受九如城提供的专业助老服务。同时,在养老机构中也要努力呈现出家的氛围和感觉。九如城提供的家庭全服务,包含有家庭幸福包、家庭护理包、家庭居家包等,实际上就是致力于对家庭幸福氛围的营造。目前,九如城已经形成家庭幸福体系建设的基本思路与总体构想,正在抓紧制定和细化家庭幸福体系的具体指标、评价标准和操作指南,将和长者幸福体系一道尽快形成操作性方案并付诸实施与推广。

三、共创美好生活

九如城在打造老人、员工和家庭三大幸福体系的同时,也在积极将企业三大幸福体系进一步延伸推广到行业乃至全社会,使之成为养老行业高质量发展的衡量标准以及社会全面发展的示范样板。九如城相信,这是企业成为真正行业标杆所应当履行的社会责任。

> **九如城的幸福生活——来自家属的感谢信**[①]
> 尊敬的海州康养中心的各位领导及全体工作人员:
> 你们好!
> 我是王奶奶的二女儿,今天上午我们一大家子迎着凛冽的寒风为康养中心送去锦旗一面,以表达我们的感激之情,虽然今天天气特别的寒冷,但是我们每个人的心里都是热乎乎的。

---

① 摘自九如城海州康养中心的家属感谢信。

第七章 幸福成长：社会至和谐

> 之前我们考察了很多家养老院，最终还是坚定不移地选择了贵院，老母亲至今已入住康养中心两个多月了，两个多月的时间让我们见证了一切，我们的选择没有错。康养中心确实以优美的环境、崭新的设施、全新的理念和优质的服务迎接着每一位老人的到来。老母亲入住后，院领导、主任医生、护士、护理员每天总是嘘寒问暖，尽最大努力满足老人的各种要求。一日三餐科学营养，比在家里吃的都好，老人生活作息有规律，健康安全有保障，大事小事有人陪。院里根据老年人的身体条件和特点每天都安排做操、画画、游戏等，各种娱乐生活丰富多彩。养老院还有意识有目的地去锻炼老人的手、脚、脑、眼，让他们的大脑充分活跃起来。特别是在疫情期间，你们对老人更是体贴入微，倾注了温暖和爱心。老人想家了，你们每次都是不厌其烦地开导和安慰老人，把她当作自己的亲人，老人在这里没有了孤单，没有了寂寞，有一种像被亲人宠着的感觉。老人说："在这里比家里好！"她非常幸福，非常满意。老人在这里是真的享清福了。你们每天照顾护理得这么全面这么周到，我们做女儿的一百个放心了！彻底解决了我们的后顾之忧！
>
> 不是亲人胜似亲人！这里就是老人宾至如归的家。作为家属，我们衷心地感谢九如城康养中心，我们坚信你们的爱心一定会感动上苍！你们的事业一定会兴旺发达！

一方面，九如城要加强与政府民政部门的沟通，说明幸福体系的推广有利于老人的幸福，有利于家庭和社会的和谐稳定；争取将幸福体系与幸福机制逐步纳入政府对养老机构和社区的考核范畴,使之成为养老行业的标准之一。同时九如城还要积极推动开展更加客观公正的第三方评估,将幸福体系的运行绩效与政府给予的运行补贴挂钩,充分调动养老机构和社区推行幸福体系的主动性和积极性,进而全面促进全社会的幸福体系建设。

另一方面,九如城计划用三年左右的时间,推动一千家养老机构采纳九如城的幸福体系,赋能养老行业的幸福体系建设。同时九如城还要努力打造一万个幸福示范社区,推动养老机构、社区、养老行业全方位推行幸福家庭、幸福社区和幸福社会体系建设,为加速建成更加文明、更加和谐的社会做出自身应有的贡献。

九如城坚信,通过自身的努力让老人实现幸福圆满的同时,也一定会将这份关爱和幸福传递下去,老人们会用广博的仁爱培养子女的大爱,子女也一定会传承父母的优秀品德,建设最美家庭,成就家庭的幸福圆满。而千千万万个家庭的幸福,就是全社会的幸福,就是更高层次社会文明的实现。

第八章
正心奉道：文化铸九如

一、九如文化体系

（一）企业文化影响商业模式

企业文化在企业的发展过程中，发挥着不可替代的作用。第一，企业文化影响企业的业务定位。在市场环境中，企业业务定位与企业文化所倡导的使命、愿景、价值观、经营理念有着密切联系。第二，企业文化影响企业的经营模式。在有了一个明确的业务定位后，企业要选择适合自己的经营模式，也就是通过怎样的方式来体现企业的价值与服务，而这些模式主要就来源于企业文化所倡导的使命、愿景与价值观。第三，企业文化影响企业的管理制度。企业是由团队及团队成员组成的，要想获得更多的价值或达到既定的企业经营目标，就需要对团队及团队成员进行管理，而管理时需要相应的机制、制度、规定和流程，这些方面体现的核心就是企业文化。第四，企业文化影响企业的管理思维。有了企业的管理机制和制度、流程，企业的各级管理者如何通过这些制度、流程来对企业的团队成员进行有效的管理，这其中的管理思维和管理观念就与企业文化息息相关，体现了企业文化在管理中的价值。第五，企业文化影响员工的自驱力。在企业对团队成员进行有效的管理的基础上，企业各级管理者希望在工作中由团队成员自发地、自我激励式地进行自我管理，充分发挥主观能动性，而不是时刻需要管理者监督并执行，如果要达到这样的效果与目的，就需要用企业文化理念影响员工，最终实现组织成员自我管理能力的提升。

从商业模式层面来看，文化的影响也是无处不在。一方面，不同的文化基因可能会缔造出不同的商业模式。另一方面,商业模式的成功往往要依托其所处的文化环境。同时,好的商业模式也会传递出文化的价值。商业模式的内在逻辑中,总有一些人们普遍接受的文化基因。北京大学陈春花教授认为,中国企业最终获得成功,往往也需要依赖于中国文化与经营及管理的结合,只有这三者的契合,中国企业成功的模式才会找到①。也许这个模式可以用"平民化"来概括,即相对于欧洲、美国和日本,中国企业更应该想办法让80%左右的消费人群受益,这样就可以找到自己的成功模式。在过去很长一段时间里,中国企业学习欧洲、美国或者日本成功的经验,但是只学习是无法拥有自己的模式的。这也使中国企业一直在困惑中摇摆。因此,挖掘中国文化中明确的价值取向,并让公众的价值取向与经营和管理结合在一起,充分发挥自己文化的作用,就一定可以找到属于中国的经营模式。

(二) 九如模式的文化基因

国外养老院成新冠肺炎疫情重灾区②

据《半月谈》等媒体报道,新冠肺炎疫情对有基础疾病的老年人危害更大,英国伦敦经济学院公布了一项研究,西欧新冠病逝者半数死于养老院。《纽约时报》统计,全美养老院等老年人长期护理机构有逾15.3万名老人和工作人员感染,至少2.81万人死亡。英国政府也确认,英格兰地区已

---

① 陈春花:《价值取向决定经营模式》,《IT经理世界》2010年第22期,第117页。
② 赵云:《美英养老院成新冠肺炎"重灾区"!疫情下抛弃老人,不应成为文明国家的选项》,http://www.nbd.com.cn/articles/2020-04-18/1426561.html,2020年4月18日。

> 有2000多家养老院出现疫情。在意大利贝加莫,一名居民称:"一些村子中,七八十岁老年人都去世了……丧钟从早鸣到晚……没有棺材可用,尸体都火化不过来……"在这种情况下,医疗资源短缺,不少国家被迫挑选病人,考虑到社会价值、存活概率等,将更多的医疗资源给年轻的患者。《每日邮报》报道,意大利帕尔马省的医生称,人工呼吸机的数量太少了,将不再给60岁以上的人戴呼吸机;西班牙《20分钟》报道,西班牙医生接到命令,60岁以上重症病人原则上不能进入ICU;乌克兰卫生部部长将65岁以上患病老人等同于尸体,称"别费钱给65岁以上的人治病"。英国多地养老院甚至下发"放弃急救同意书",以此要求老人若感染新冠肺炎,病情恶化时放弃急救。有些老人因此悲泣:"感觉自己的生命毫无价值。"在西班牙,政府动用军队力量为养老院消毒,当军人进入养老院时发现,有的老人已经死在床上,尸体无人处理,活着的老人,也无人照料,温饱都成大问题。"在养老院内发生的事情并未被关注,这里只有被隐藏的悄然死亡。"

国外很多地方放弃救治老年人,这不仅是这些老人的悲哀,也是文明的倒退和基本伦理道德的沦丧。俄罗斯《观点报》曾经发布一篇文章——《欧洲医界拒绝救治老年人》,文中批评这些发达国家的伦理道德规范已经"退回到中世纪"。这些国家采取这样的措施,不仅仅是因为医疗资源匮乏且政府想要稳定经济,其背后也有着广泛的社会心理基础。欧美一些年轻人将新冠病毒称作"老人消灭者"(Boomer Remover),他们不顾政府禁止聚集的政令,肆意老了，我们怎么办？

狂欢，丝毫不担心自己被感染，反正就算感染也会得到优先救治。甚至有些人认为，疫情过后，由于病逝者多为老年人，可以达到去老龄化的效果，让整个社会更年轻、更有活力，同时也可以摆脱老人养老金、医疗服务等支出，甩掉一个"大包袱"，社会可以加速发展。

　　病毒不分年龄、种族，感染、死亡的不仅仅是老年人。从新冠病毒肆虐开始，学界就达成一个共识：所有人都是易感人群。谁都无法让病毒精准传播，在疫情期间同样有众多年轻人感染、死去。如果全社会不团结起来齐心抗疫，届时不仅被抛弃者会感到绝望，其他人也会惶惶不可终日，必然会采取自我隔离措施，社会分工和生产中断，经济停摆，各国经济将损失惨重，经济下滑不可避免。老人已经成为新冠肺炎疫情最大的受害者。"他们的生命之所以不被珍视，是因为比起那些年轻人，这个社会认为他们活着的价值不高了。"病毒不仅考验国家，更考验人性，在疫情面前更应该关注、帮助弱势群体。让那些老人独自挣扎着死去绝对是一场悲剧。

　　实际上，如何对待老人不仅是社会文明的一面镜子，更是底线。老年人不是累赘，而是财富。中美两国传染病防治专家钟南山84岁，福奇80岁，他们显然不是累赘，而是财富。对于普通的老年人来说，他们也能够为社会发挥更多价值。西班牙哭诉的那位老人在视频中哀号着说："尽管我们已经老了，可我们依然在工作。"在中国，疫情最严峻时，维护基层日常秩序的是一群退休了的中老年人，他们活跃在中国广大的城镇、乡村，封路、劝返、查体温等都是这群老年人。这充分证明了，老年人能够继续为社会做贡献。

　　九如城强调要始终把老人装在心中，不仅仅是在企业第一时间参与武汉抗疫战中展现出了对老人的爱和尊重，而是早就把"一切为老人好"视作企业与员工的使命,把为服务老人视作天职。九如城相信,养良的人会积极带动养老行业、带动整个社会去尊重、敬爱每一位老人,尊重每一个生命。

王阳明先生曾说:"身之主宰便是心,心之所发便是意,意之本体便是知,意之所在便是物。"心是事事物物的起源,"心正"是成就伟大的前提,心灵光明,我们本身所具备的巨大能量便会被激发出来。而九如模式的文化基因恰恰就是"正心奉道",这是九如城强调养老人要不断加强心灵建设的重要文化根基,也是促使九如人敬爱老人、尊重生命的心灵基础。

在谈义良看来,"正心"就是要进行企业心灵品质建设。不仅要提升员工、团队和企业的心灵品质,还要去帮助老人和家属提升心灵品质。真正从内心出发,力量才是巨大无穷的,才能够真心、真诚、珍重,养老事业的伟大之处才能充分展现出来。从心出发,才会真正实现阳光普照,温暖千家万户,成就亿万家庭的远大目标。人与人之间的差别就在于心灵品质的差别,所以要不断建设自己的心灵品质,当自己的心灵品质建设到足够高、足够纯粹的时候,才是真正伟大的人生使命,才是真正为社会做出重大贡献的人生使命。同时能够去帮助他人建设心灵品质,为他人去寻找内心的真正使命,这个价值和意义就更伟大。

因此他强调,做养老事业,更要讲究一个"心"字。要初心正,初心纯正,才能行于正源。养老不是一个高利润的行业,那用什么来坚持去做养老?唯有初心,一颗为老人服务的初心。如果初心不正,就不会有发自内心的热爱,很难长久地坚持下去。要定心坚,咬定青山不放松;要恒心久,坚持长期主义;要决心强,坚定不移,毫不畏惧。养老是一个伟大的行业,养老人是一群伟大的人,但不可否认,养老也是一个需要付出巨大努力的行业。

基于上述认识,九如城也强调未来的发展首先是"心不变"。

一是初心不变。全心全意为老人服务的初心不变,要真心做养老,坚决不动摇。在行业中很多主管部门都了解到九如城最根本的一点,就是九如城是真正在做养老,这个"真"就代表了九如城的初心。全心全意为老人的幸福用心每一天、用心每件事、用心每个人,真正全心全意为老人服务,诚心诚意为社会解决重大问题。真诚地传播传统文化和孝道,推动社会文明进步,使家庭更幸福。二是孝心不变。要视天下老人为父母的孝心不变,养老的本质是孝道,孝道也是家族兴旺之道。要重振老人在家庭中的威望,推动培育晚辈和小辈的敬老、爱老、孝老理念。"尧舜之道,孝悌而已矣",养老是孝顺的事业,圣人之道,崇高而伟大。九如城想让天下的子女尽孝有道,用生命来唤醒生命,成就更多的志愿者,它用自己的行动来带动社会更多的人参与志愿服务,遵循中华传统的文化和孝道。三是爱心不变。让阳光照进长者心田的爱心不变,老人、员工、家族的幸福是真正要追求的终极目标。要让老人真正懂得生命的意义,让他们由抱怨到感恩,感恩这个时代,感恩子女,感恩这个社会给他带来的幸福。要让员工真正懂得由工作变成奉献,将爱心奉献给每一位老人。让家属能够从不理解到理解,还要参与九如城的运行当中,成为这个行业的志愿者。从养老到养心,心好了,什么都好。要在心上用功,事上磨炼,九如城会从生活照料系统到精神关爱体系帮助老人、员工、家属建设心灵品质,有益他人。

九如城所强调的"奉道"就是要遵循天道与人道,要从"心"出发,在新的起点上,找到养老本质就是孝道,而原点是家庭,要"视天下老人为父母",只有这样,九如城才能真正追寻到孝道与幸福的融合。同时,从关心老人到关爱家庭。九如城要传播孝道,让每个家庭幸福起来。初心不变,其实还要推动从养老服务到陪伴,从陪伴到倾听,逐步提升企业和员工的初心。孝心不变,还要从关心老人到关爱家庭,老人的幸福同样来源于家庭的幸福。爱心不变,

第八章　正心奉道：文化铸九如

还要从养老到养心,真正实现让阳光照进长者心田。

谈义良认为,做养老其实不外乎八个字——"以义为道,以良为本",做符合道义的事。心是道的源泉,大道至简,道于心中。义为伟大之源,良为心灵之本,善为大我之本。用心奉道,成就伟大。要成就伟大事业和伟大人生,既要心中有道,建设心灵品质,提升格局与境界,找到大道的方向,又要结合实践,干在实处。知行合一,做中知,知中做,用心做,得心法,心生万法并持之以恒,最终实现做与悟并肩,心与道并行,才能获得幸福自在乃至圆满觉悟的人生。

同时,心中还要立下大愿,唯有大愿,才能成就大事。一是立大愿之心,要初心正,正心才能奉道,必须随时随地纠正自己的内心,人随世俗间,免不了四处有歪念之引诱,只有时时净心明心,才能真正找回自己的本心。守道正心,才能真正立下大愿。二是聚大愿之力,集中心思,心中念念之力。所谓念念不忘,必有回响。心中至诚之念,时时不忘,念之能量集聚起来,汇成天地之能,思想之门此时将豁然开朗,因为愿大,所以力量就大,推动各项事业就会越顺畅。大愿之力是克服障碍、超越自我的能量源泉,是成就一切事业的根本。愿力不仅仅是激励和鼓舞,更是付出和奉献,不惧艰难险阻,无谓得失荣辱,唯有一心一意。同时,由于心中大愿之伟大,可以吸引到其他人,就有众多有共同大愿之英才汇聚起来,为伟大事业做贡献。凡成大事业者,无不是这样先有伟大的愿力,然后感染到一批愿意一起努力实现愿景的人,共同去实现。

此外谈义良还认为,能为天下老人服务是最大的福报。如果能够视天下老人为父母,把天下老人装在自己心里,内心就很丰盈,可以享受所有天下的父母之好。当内心有这么多父母的时候,也会有那么多父母心里装着我们。因为把他们当做父母,哪怕是没见过面、没服务过、没有任何联系的老人,也会收到来自老人的美好祝愿与祈祷,内心就会充满能量。这也是通常说的心里装着多少客户,就会有多少人心里装着我们,这样的福报就会很大。心里装着老人,装着天下老人,所以天下老人会给我们祝福,很多事情顺着天意去做,自然而然就会汇聚资源。当我们做的事情有利于社会的时候,往往得道多助,事业就会越做越大,越做越顺。

二、正心与养老

(一) 正心

在谈义良看来,正身要先正心。出现不正之心,在于私欲盖住正心,只要将私欲去除,正心自然就绽放光芒。正心来源于圣贤,每天修行,心中自然就进不来杂尘。正心的能量超大时,杂念私欲,就无法进入内心。而一群人的正念,会同化和彼此影响,因此相互砥砺十分重要。同时还要时时省察自己,随时修正心中不正之念。

那么正心包含了哪些方面?首先是"正",其表现出来的正气、正派、正义都来源于内心,内心是怎样,就会呈现出相应的状态。正气是符合天理、符合人性、符合社会、符合时代形成的。正派实际上就是人的行为举止、行为方式、做事风格、做人原则。而正义就是任何时候都不畏艰难,主张正义,公平公正地对待人与事。从九如城所从事的养老事业来看,不论是企业还是其中的管理者与员工,都应该表现出正气、正派与正义。要做符合当今时代的事情,为社会解决人口老龄化带来的养老问题,要公平公正和充满善意地对待合作伙伴与客户,正心是九如人从事一切工作的心灵基础与心灵指南。

谈义良进一步强调,要用心来主持"正气、正派和正义"。首先心的出发点一定是向上向善,要有自己的判别标准,要有是非心。还有一个是"起心动念",只有心中有这样一个正确的念头,才能产生正确的行为,正确的行为又促进了这一念头的强化。

(二) 真心

九如人还要有真心。谈义良认为,真心来源于对社会的承诺,企业及企业家拥有了一些社会资源,理应为社会解决一些重大问题,这是天理,九如城必须应天理,顺伟大时代之势,为社会进步而奋斗,用心每一天,用心每件事,用心每个人。如果人人事事,时时都用其真心来对人对事对万物,那一定金石为开,没有办不好的事。如果是真心为老人好,心里装着老人,一切都从他们利益出发,就会成事。真心的程度,就是事业成就的程度。

第一个层面,真心一定是真正从心底迸发出来的真,并且是自然而然、随时随地就呈现出来的。九如城一直强调真心对老人好,这句话说起来很简单,但如何体现?2020年1月,当得知武汉有疫情,谈义良下意识地就想到疫情对老人可能会有不利影响,和专家讨论后,专家说影响很大。九如城马上采取行动,比其他养老机构提前了一周封闭养老院来应对可能的疫情进入风险。一听到疫情暴发,首先考虑怎样保护老人,这就是真心,自然而然流淌出来。九如城1月18日开年会,19日听取专家组成员意见,1月20日召开全公司的防控大会、电话会议,建立九如城自己的防控体系。国家23日开始封城,养老院是在春节以后,九如城比其他机构早了一周以上,并把要采购的物资提前购置并分配到位。这并不是说九如人都有先见之明,而是从心底里自然而然流淌出来,听到事情第一反应就会想到怎样有利于老人。今年入冬有寒潮,谈义良马上就想到并提醒要注意养老院的老人保暖问题,空调、地暖等设备是否运转正常。因为这一次寒潮,电视广播都同步信息,是近几十年中最冷的天气。天气一冷,老人心血管疾病、感冒等就容易发生,他们禁不起折腾,所以需要快速反应。谈义良第一时间跟管理人员说,在寒潮还没来的时候,要抓紧做好防护,做好保暖工作,提醒老人多穿衣服。这是真正从心底里流淌出来的没有伪装的东西。

> ### 李彩华:视老人如父母①
>
> 　　2015 年从社区居委会退休后,李彩华加入了九如城,开始了这一份她视作"事业归宿"的工作。在曾任职过幼儿园园长和社区居委会主任的李彩华看来,养老是一份需要有担当、肯实干、有爱心、愿意全身心投入的工作。"一老一幼,其实有很多相似之处,在面对他们的时候,没有足够的爱心,没有足够的责任感和使命感,是做不好的。"
>
> 　　每次有老人入院,李彩华就会和其家属说:"你们放心,老人在家是你们的父母,在这里就是我们的父母。"对家属的这个承诺,李彩华也始终在用心践行。
>
> 　　只有真心爱老人,才能用心对老人。李彩华认为,一个好院长一定不是坐在办公室里的,而是在老人身边的,是能耐心倾听老人并为老人解决问题的。"李院长几乎是住在院里不回家的,每天都会和护理员一起查房,了解老人的情况。"今年刚加入丁蜀康养中心的邱红琴医生表示,李彩华院长对老人的关心让她尤为感动。"刚接手丁蜀院的时候,遇到五保户老人药品紧缺的情况,当时由于一些手续尚未完善,

---

　　① 参见谈义良:《九如好院长——李彩华:责任在肩,使命在心》,https://mp.weixin.qq.com/s/eNtCZ-Rf9mxYrbO_otVE5A,2021 年 4 月 19 日。

第八章　正心奉道：文化铸九如

> 李院长二话不说就垫付了所有药品的钱，因为她说无论如何要保证老人的药不能断。"
>
> 　　另有一位入住丁蜀康养中心的独居老人，在入住前委托邻居做了自己的监护人并将所有钱财交托于该邻居保管，当他意识到邻居心存他念之时，将自己的顾虑告知了李彩华院长。在李院长及丁蜀院行政主任的陪同下去银行查账，发现其存款已被取空。为了帮助老人，李彩华当即联系律师，经过两年的司法诉讼，为老人追回了所有的损失。
>
> 　　李彩华的用心付出，也让老人们倍感温暖。"李院长特别平易近人，每天都来关心我们，对我们的照顾也特别周到，我从来没有听到过一起住的老人们，有什么抱怨。"93岁的退休教师陈奶奶表示，在丁蜀院的生活比家里还要好，她希望自己远在其他城市的兄弟姐妹都可以到丁蜀院来住，一起生活、一起养老。
>
> 　　68岁身患残疾的张大叔则表示，自九如城接管后，丁蜀康养中心发生了翻天覆地的变化，无论是环境、管理还是服务，都焕然一新。"做养老不容易的，去年接手的时候缺员工，李院长就各个部门亲自上手，打扫卫生、护理老人，哪里有需要院长就在哪里。平时爱发脾气的老人都因为院长的和蔼可亲和耐心劝解，变得脾气好了很多。"

　　第二个层面，从真心出发，就会沿着这条路一直坚持走下去。例如，九如城对于新的项目要不要承接运行，任何时候的出发点都要围绕老人的需求与承受能力。谈义良告诉工作人员，判断项目好不好，在于是不是真正有利于老人，真正有利于老人的就去做，这是大是大非的问题。要从真心出发，延续从心里那条路一直走下去，持之以恒。九如城以往发展过程中也收购承接了不少养老院，最初的目标是为了获得区域市场份额，无论养老院的好坏大多都承接了下来。后来进入到新的发展阶段，那些不符合商业规则，不符合正常公司发展要求的机构，九如城认为不能轻易承接。这是因为，如果这些养老机构每月都在亏损，员工心里不踏实，就没办法百分之百尽心尽力去服务老人，这对于他们是不公平的。如果将这些机构的高额租金分摊到入住老人身上，老人在经济上将难以负担。因此，在选择可承接运营的养老机构项目的时候，要从全盘考虑，要以是否最终有利于老人为出发点。

第三个层面就是从心出发，就会心生万法。这个过程中的"真"，不是口头说真就真，可能是一句话、一个表情、一个行动都能反映出来。每年谈义良都会亲自带队进行例行院际大走访，年中一次，年末一次，与员工及客户进行面对面的交流。2020年上半年，因为疫情的影响全社会都在倡导主动减薪，九如城集团层面并没有特别要求。大连区域公司率先提出，所有的同事主动减薪。随之很多区域发起该倡议，经理级以上的人自愿减薪。这个时候谈义良本人还在带领团队在武汉第一线抗击疫情，对此一无所知。谈义良相信，这些行为是不是"真心"，从语言、行动、表述中是可以看出来的，如果我们出自真心和真诚，他人与之相处，内心就一定能感受到。

（三）责任心

九如人还要倡导"从初心开始，责任心出发"。责任心来源于感恩心，九如人感恩时代、感恩社会，就会觉得有责任为社会做贡献。谈义良一直强调这个时代给予了太多的机会，他们这代人因为改革开放，是这个时代最大的受益者。这就要感恩社会，就需要

第八章　正心奉道：文化铸九如

去承担更大的社会责任，为社会解决重大问题，这是感恩的最好表现。因此，九如人的责任心就来源于感恩，就有这样的一份责任。九如城的团队在新冠疫情中所展示的责任感和凝聚力也让谈义良无比骄傲，这个团队有很强的责任感，真诚利他，勇于担当。他们有很强的凝聚力，不管是战疫的前方还是后方，个个都在努力创造，人人都在做平凡英雄。

谈义良进一步强调，所有的成长都是担当出来的，责任是锻炼出来的。要努力去担当从来没有担当过的事情，担当超过原有能力范围的事情，才会真正成长。如果以前从没有承担过责任，要学会去锻炼和挑战自我。如果担心责任承担不起，就要尝试每次超越一点点。责任心就是成就事业过程中的一个出发心。责任心怎么培养？越担当，越有责任，越大责任，越能有成就，成长就越快。因此，要时时刻刻培养自己担当的精神。谈义良是马拉松爱好者，经常将其拿来进行类比。他说尝试马拉松的时候是从5公里开始的，然后是10公里、15公里、20公里、25公里、30公里、35公里，要跑三个35公里才去跑42公里，他就是这么一层一层地锻炼。同样，他相信人的责任心与担当也是这样一点一点地锻炼出来的。

谈义良所倡导的责任心可以归结为四个方面。第一是每个人要对自己负责，一方面要立大志，发大愿，才能真正依道而行，实现目标。"志不立，天下无可成之事"，志向越大，前进动力越充足。当我们的志向是为社会作出贡献时，就会拥有无穷无尽的力量，这个力量会驱使我们走向成功，迈向伟大。另一方面要突破个人瓶颈，"不能胜寸心，安能胜苍穹"。只有打破心的瓶颈，打破个人的天花板，才能拥有广袤的天地。而这份打破的力量，来源于内心的志向，正所谓"志之所趋，无远弗届。穷山距海，不能限也"。此外，还要主动作为，建设自我，实现自我价值与赋能。只有不断学习，不断建设自己，不断让自己变得更优秀，才会不断突破舒适区，快速成长,才能实现心中的伟大志向。第二是对家庭负责,"积善之家,必有余庆"。修善的父母,子女的福报更多;积德的夫妻,婚姻更美满。反之,若一些微小不良现象萌生,任其发展,则会酿成严重后果。所以在起心动念之间,要建设自己,培育优良家风,为人子女,学会为父母担当;为人父母,学会为子女担当;为人夫妻,学会为爱人担当,共同建设幸福美满家庭。第三是要对企业负责,首要就是忠诚。"天下至德,莫大乎忠",忠诚是一种价值选择,是世界观、人生观、价值观的体现。工作是心灵修炼的道场,同时也是成就他人的舞台。这就需要我们在做一项工作之前,先思考这份工作能否成就他人,帮助他人。忠诚的要义是担当,九如城一线的员工要努力做到无我利他、化育天下的境界,每个人都是自己生命和事业的董事长,对企业负责,其实也是对自己负责,对未来负责。第四是要对社会负责,作为新时代的见证者、开创者、建设者,只有将民族梦和个人梦结合起来,将中国梦和世界梦连通起来,才能担当起行业典范、时代标杆的重任。

九如城最初就想着把江苏宜兴的养老事业做好,当初宜兴是23万老人,到2035年以后可能会达到40万人,九如城要通过自己的四级养老体系把家乡40万老人保护起来,做好保障。把这件事情做成以后,九如城想复制这种成功的模式,拓展到更多的区域和城市,视天下老人为福,要让天下的老人都能够受益于九如城的服务体系。责任心更大了,九如城的担当也就要更大。因此,责任心就是九如城在企业不断成长中通过更多的负责与担当逐步成就出来的。

(四)慈悲心

九如人也应当有慈悲心。谈义良认为每个人天生都有仁爱之心,每个人的本心都是善良的。就像一个孩子掉到水里,所有的路

第八章　正心奉道：文化铸九如

人如果不假思索地都去营救，那就是本心。但是为什么到了后来，有些人的慈悲心却越来越少？人们出生的时候，上天给的慈悲心是一样的，后来不断变少乃至泯灭，是因为自己内心的贪欲、欲望覆盖了原来的慈悲心。内心的欲望、私欲超过了善良，就像一个容器中，坏的东西多了，就会呈现出坏，而善的东西多则会呈现出好。在这个过程中，人是在不知不觉中被污染。很多人说生命的底色不一样，坏人和好人一出生就确定了，这是不正确的。如果成长在一个不良的环境中，父母、邻居、周边的人给予的都是不良影响，一个人的内心就极易被不良所侵占，他的慈悲心很大可能也会被覆盖或替代。

九如城做养老，谈义良更多想到的是如何不断地反省自己，不断地减少内心中的私欲，让自己内心更加的明亮，减少私欲就是增加慈悲心。道理很简单，水多了茶就淡了，水少了茶就浓，人的内心也如茶杯，其容量也是一定的。因此要不断减少贪欲来增加慈悲心，这就需要不断的反省——做了哪些事情？是否可以做得更好？在生活中有很多这样的经历，在做的过程中，可能当时认为这件事情是最好的，但经过一段时间考虑，还有更好的选择，这就是反省。反省就是回过头来清洗自己的内心世界，心需要擦亮，就清洗一下，身体要清洗，同样内心也要清洗。这是增长慈悲心的第一个途径——减少内心的贪欲。

第二个层面，是要增加心量——内心的容量。谈义良形容，如果原来一杯水有500毫升，减掉100毫升贪欲就增加100毫升正能量，但总的心量还是500毫升。如果能够把心量加大，慈悲心就更有可能增大。谈义良说，自己小时候，兄弟姐妹、父母、爷爷奶奶一家人，心里只知道这一家人，这一家人好就是最开心的事情。结婚以后有了很多朋友，还有岳父岳母家的人。心里面装的人和牵挂越来越多，心量也在增大。如果心底能够装下天下老人，心量就会变得无限的大。从心里迸发出来的慈悲真爱，来源于老人给予的能力，心里能够去爱大家，不仅仅是老人的需要，更是自己的需要，因为每个人的内心也需要他人的爱来支撑。正如中央电视台的广告词"心有多大，舞台就有多大"。谈义良相信，内心能够容纳多少老人，就会有多少福报，这些老人会给他们无穷大的力量，他们的内心会因为付出以及回报的爱而变得更加丰盈。

责任心和慈悲心，对养老行业的良性发展有着巨大的促进作用，也正是在其驱使之下，九如城的事业重心实现了从地产到养老的重大转型。

（五）恒心

九如人还要有恒心，能够坚持和坚守。谈义良认为，要接受恒心，取得大成就，一定要经过艰苦卓绝和持久的奋斗，一定要经过苦难的千锤百炼。不经历苦难，达成的事情一定不是大事情，也不会是大事业。成就伟大的事情一定要有恒久远的感觉。如果没有，就没有办法去完成一件有价值和有意义的事情。因此，做任何事情都必须能够坚持。

那么，恒心来源于什么？来源于自信心。看准了就不要轻易怀疑，应当对自己所有要做的事情有信心。坚持做一件事情，首先要认定这件事情是对的，并且很有信心，自己相信了这个决定，再一步步去完成，即使今天没完成，明天后天也要完成，如果今年没完成，明年后年也要完成。其次，要相信这件事情能够成功，但这个成功是需要经过艰苦卓绝的努力和长时间的考验，做的过程就体现了恒心。对要做的事情不怀疑，而不怀疑是源于对所做出决定的自信，自信心又来源于所做的事情是不是符合天地、符合人性、符合社会需求。

例如，九如城从原来的地产转型做养老的时候，也面临很多质

第八章　正心奉道：文化铸九如

疑甚至反对，有一些高层管理者选择了离开，他们觉得做养老不对，应该要做地产，这样可以赚更多的钱。当面对怀疑的时候，特别是身边人怀疑的时候，坚守特别考验恒心和意志。谈义良曾经提起父亲对自己的担心，父亲没有在公开场合直接说，而是告诉晚辈，要多体谅，养老很难做，又不赚钱，晚辈们要多关心谈义良。在其父亲的内心中，这件事情很难做，他并不是完全认可。"心有所信，方能行远"，当身边的人或者家人反对的时候，要坚持就特别难，所以谈义良非常感恩家庭，特别是孩子的支持，他们任何时候都会全力支持，这对于恒心和坚守特别重要。

同样，九如城的战略定力就在于对战略的自信心，这来源于对行业的了解和对养老的理解。对事情本质的了解，在于内心的高度，不仅从经济格局上认识养老行业，还要用更高的心灵格局来认识这个行业，知道这个行业的发展一定会越来越好，发展空间也会无限大。

而九如城所形成的良好品牌口碑就是坚持恒心的结果，有恒心，不等于没有怀疑，有怀疑有质疑，不断反复，在这样的过程中恒心也会不断接受挑战。因此，恒心还要转变成所有员工的一致性服务要求，不是仅仅停留在企业创始人和高管层面，而是要进一步延伸到九如城的基层员工尤其是一线护理员，进而向老人、客户及全社会表明这种恒心的力量。

坚守恒心当然需要具备特定的能力。既要有资源能力，也要有心力。心力就是自己认为这件事情能不能过得了坎，如果自己认为过不了就一定过不了，过得了就要想尽一切办法去渡过难关。谈义良拿他所钟爱的马拉松运动做类比。马拉松跑到35公里以后对每个人都很难，那时身体已经几乎达到极限，这时不能放弃，跑马拉松的人都会坚持下去，但重点是采用怎样的速度跑。如果我们的目标是4个小时完成42公里，跑到35公里，还有7公里的时候，要考虑用怎样的配速。首先，内心就要认定 4 小时必须完成，如果心里想着完不成，马上就会慢下来，所以就必须按照相应的配速去跑。但这很艰难，也是最辛苦、最难的时候，能不能按照这个速度跑下去，就是心底设定的目标。对于九如城来说，做养老的出发点很简单，就是要服务天下老人，难的时候真的很难。但谈义良相信艰难的阶段已经熬过去。就像马拉松比赛，九如城已经跑过了 35 公里，靠近 42 公里，已经找到了方向。马拉松精神对于做养老特别重要，最后的 35—42 公里才是需要坚守和冲刺的高潮。

除了资源和心力，恒心还需要外部的政策和环境支持，还需要团队的支撑。恒心是用时间来考量的，是一种内在的范式和标准，也是信仰、坚守或者相信的力量。恒心其实就是长期规划，做长期主义者，恒心就是时间的朋友，包括长期的战略、长期的规划以及长期的积累。"恒"强调两个方面：其一是做的过程中遇到困难要坚持；其二是要有长期计划和长期目标，这就体现了长期主义，有波折但不放弃。同时，恒心里面也存在变和不变之间辩证的逻辑关系。"不变"的是心，要做养老，并且还要坚持下去；而"变"是要根据社会形势发展，随时随地变化和适应，为了内心不变的追求去实现养老事业的可持续性，就要积极寻求不同的手段与方法，变是最好的不变。变换手段，变换方法是为了坚持做养老的初心和目标不变。九如城坚信，恒心与坚持终将带来可观的回馈，为社会作出更大的贡献。

三、奉道与事业

（一）坚守孝道

无论古今中外，孝道的光辉一直散发着无尽的温暖。九如人

第八章 正心奉道：文化铸九如

坚信，养老的本质是孝道，孝道是家族兴旺之道，是国家兴旺之道，亦是中国人的血脉。每个家庭要想幸福快乐，都应以孝道为根本，对父母心怀感恩并付诸行动。孝道本是中华民族的优良传统，但到现在为什么反而成了一个缺憾？老人本是家族之根，在家庭中本应威望最高和最受尊崇，现在为什么反而成了累赘？这是因为近百年来，由于中国家庭结构的改变，一个个大家族被分割为许多小家庭，直接导致了老人在家庭中的地位降低，"树根"价值不在，孝道不再传承，社会结构的这种改变直接导致了老年群体成为社会的痛点。

孝道究竟是什么？当前的孝道与传统孝道相比，是否有新的含义？九如人对于孝道有自己的独到理解与诠释，一方面要把传统孝道中的有益发展脉络继承下来，同时还要结合新时代的特点重新进行诠释以增加其新内涵。九如人认为，从养老到养心，养老的本质是孝道，孝道的体现是幸福，幸福的载体是化育天下。未来将会从养老院逐步过渡到文化机构和教育机构，今后在九如城的养老院里，老人和小孩一样需要得到教育。

对于当下时代，子女的孝到底应该怎么呈现？九如城创始人谈义良先生以自己的家庭为例，认为子女对于父母的孝道主要体现在如下方面。第一，子女把事业做好，是对父母最大的孝顺。每一个父母都希望子女有一份事业，父母和子女之间有心与心的链接，彼此能够听到心中无声的呼唤，揣摩到彼此的心思。第二，照顾好父母的身体，不让父母彼此担心，这也是孝。第三，就是把第三代子女教育好。如果孩子没教育好，祖辈肯定会难过，自己的子女没教育好下一代，肯定会影响他们。所以九如城现在的方向将会从关注父母身体到关注子女夫妻关系再到教育下一代子女，做好这几个层面是当代人最大的孝顺父母的方式。这是因为现在的老人不再仅仅满足于传统意义上的物质需求和物质供养。新一代的人,很多都希望子女的孝顺应当有上述三个层面的体现。

> ### 九如城的孝道故事①
>
> 九如城位于江苏宜城的九福养老院有这样一个故事:一位老人偕同妻子住在院里,他们女儿住在丁山,两地相距十几公里,但她每天风雨无阻、不厌其烦地按时给父母送午餐和晚餐,饭菜汤一应俱全,色香味营养兼顾,老人每天等待女儿"孝心餐"的到来也已然成为了一种习惯,见不到女儿,老人宁可饿着也要坚持等待。作为儿女,照顾和陪伴自己的父母,尽尽孝道本无可厚非,但自古就有"久病床前无孝子"一说,所以最难能可贵的是她的坚持,这是真"孝"的体现。院长曾经和她女儿开玩笑说道:"是不是院里做的菜不好。"女儿笑着说:"院长,不是,我觉得总想为我的父母做些什么,每天给他们做些我力所能及的事,我很快乐。"每个子女都知道应该孝敬父母,但能做得到日复一日、年复一年坚持照顾父母的子女,普天之下又有几人?尊老爱幼是中华民族最优良的传统,在这个女儿身上得到了最完美的诠释,因为陪伴是最长情的告白。我们从这个故事中感受到了温情的一幕,但在现实生活中,当今的养老现状其实还是存在很多问题,很多老人生活凄苦,子女不孝,养老行业也同样存在许多不足与缺失。它甚至已经成为社会的一个痛点。

基于这些对新时代孝道的理解与诠释,九如城将"孝爱家"视为经营哲学的核心,提倡以一颗光明之心赋能自己和他人,从关心

---

① 九如公司内部资料。

老人到关怀家庭,积极弘扬孝道文化,做孝道文化的推广者、传播者和践行者。谈义良在多年实践和思考中得出,对于老年人最有价值的并非吃好喝好住好这样的物质层面满足,而是更多地来自家庭的温暖与关怀。养老院再好,也抵不上家庭的能量,家是老人的根,家是老人的精神寄托。老人对于生活的要求其实并不高,但是他们内心的渴望,与子女连接在一起的渴望,却是无比的强烈。即使由于客观条件,离开家庭,在养老院里生活,也必须确保老人与儿女们一直保持着紧密连接。因此,九如城希望借助"共读一本书,幸福一家人"三小时工作坊,建设最美家庭;通过社区战略,为亿万家庭共建幸福生活贡献一份绵薄之力。九如城也认为自己并不是替年轻人尽孝,而是帮助他们学会"尽孝"。九如城的养老院会经常安排老人和家人在网络上进行互动,也会定期邀请家人带着孩子,到养老院来和老人见面聊天,包括举行一些大型活动,让老人能有与家人同在的感觉,又能体验到家人的关怀,而年轻人也在其中得到尽孝的那种快乐和满足。九如城还创新性设立"时间银行",即养老服务志愿者将自己提供的志愿服务时间存储起来,在年迈需要别人为自己提供服务时,再用这些存储的时间进行兑换,实现自助互助养老,以此来引导全社会形成子女孝顺、老人发挥余热的尊老、爱老、敬老新风尚。九如城在各地的养老机构举办三小时工作坊,作为建设最美家庭的实际行动,用工作坊来学习圣贤思想和中国传统文化。九如城相信,把这些文化建设好,一定能够在社会上形成一个良好的风尚,这将会更好地推动社会进步。对于九如城和谈义良来说,让孝道文化得到传承,比办一所养老院更有价值。

(二) 恪守商道

九如城强调要恪守商道,也就是要做"新商业文明"的先行者与行业榜样。这意味着,不仅仅是开一个公司,纯粹以赚钱为目标去奋斗。在获取一份事业的同时,更多的是要为社会做出重大贡献。当每一个人为社会努力,推动社会进步的时候,当九如城能够通过其产品和服务,提高了客户、供应商以及利益相关者的心灵品质的时候,就是在践行新商业文明。每个个体的崇高境界与伟大格局,缔造了新商业文明企业,而每个企业的新商业文明汇聚起来,成就了社会文明。在商业巨变的今天,必将诞生新的商业哲学来引领进入新商业文明。

关于商业文明,谈义良有自己的看法,他认为商业的目的不仅仅是给股东回报,更重要的是能利益社会、推动社会进步。养老是一件崇高而伟大的事业,其发展需要一定的合力来保证,需要坚持长期主义,赚合理的利润,赚慢钱,只有这样的商业模式才能够实现企业的长期性。其次,长期主义需要成功的商业模式来支撑。如果能够用这样一种商业模式来解决社会养老大问题,实现社会担当,推动社会进步,这就是最大的商业文明。此外,真正的商业文明还应该是利益人心的。九如城在向客户提供高品质的产品与服务时,提供的不仅仅是有形的产品和服务,还有无形的价值,帮助客户建设心灵品质,用这种形式来呈现商道。利益人心、成就他人,这才是真正的商业文明。所谓商业与公益的融合,实际上就是利用商业的最大价值去做更大的公益事业,这里的更大,不仅仅指形式上的规模更大,还包括更好的产品,更好的服务,更加可持续的发展。商道就是将人民装在心中,人民美好生活的向往,这应该是所有企业努力追求的目标。商业成功也会水到渠成、顺理成章。未来崇高的商业文明当中一定有普惠,因为这是解决社会广大老百姓的问题,哪怕产品好,但特别贵,大多数人负担不起,谈义良认为这也不属于未来要倡导的商业文明。

因此,构建价值型企业实际上就是在打造新商业文明。在通往新商业文明之路上,九如城强调要遵循如下八条基本原则:一是做负责任的事业,对广义的利益相关者负责;二是遵循长期主义,摒弃狭隘功利主义和机会主义;三是坚持专业主义,以提供优良的产品和服务为本分,以创新推动价值创造;四是心怀敬畏与悲悯,行普惠之道,尽社会责任;五是建立开放、包容的世界观,人人平等,己所不欲,勿施于人;六是做正确的事,以正确的方式做事,正确,就是真、善、美;七是坚守正直,将一切欺骗都视为正直的敌人;八是爱地球,如爱你的爱人。

九如城认为自身有责任来为世界做贡献,强调要同心协力为新时代的新商业文明建设助力添彩,道之以德,文明以止,众志成城,生生不息!企业真正的成功往往是背后哲学思想的成功,九如城要赋能行业,引领行业,成为行业领袖,就需要每个人都能读懂九如城的经营哲学。这一经营哲学一定是与国家和人民同频共振的。对于养老事业,九如城也立下誓言,要让天下子女尽孝有道,让阳光照进长者心田,助推中华孝道传承,助推养老行业的发展,成为新商业文明之典范!

第九章
未来已来：知行本合一

一、九如案例经验

九如城对中国养老实践的探索是一个非常值得研究的典型案例，对于人口老龄化背景下中国养老行业的创新发展极具参考价值。总体来看，九如城深耕养老行业多年所形成的经验主要体现在两个方面。

一是体系化解决养老问题。与其他养老企业局限于开办少量的养老机构或提供有限的社区与居家养老服务相比，九如城通过"养老综合体—养老机构—社区服务中心—居家养老服务"四级体系以及"医、康、养、教、研、旅"六位功能的一体化协同，较好地克服了养老行业投入大、回报慢、持续性弱、商业模式不清晰等发展困境，凸显了九如城养老服务规模化、效率化与品质化的独特优势。这些优势本质上来源于九如模式运行所形成的体系化能力，恰恰也是九如城的核心竞争力。图 9-1 是九如城经验概览。

二是提供普惠性养老方案。近年来，传统上从事保险、房产等业务的企业不断开拓高端养老服务市场，五保老人等弱势群体基本上又可以获得地方政府"托底性"保障支持，而大多数处于中间阶层的普通家庭却面临着"社会保障不充分""支付能力不足""家庭养老功能弱化"等一系列困局。九如城敏锐地意识到广大夹心阶层家庭的养老痛点问题，通过九如模式的成功运作彰显出自身在养老服务规模化、效率化与品质化等方面的独特优势，为广大普通家庭提供了能够负担得起的普惠性养老服务解决方案。这不仅有助于破解中国家庭的养老困局，促进社会和谐与幸福，而且由于

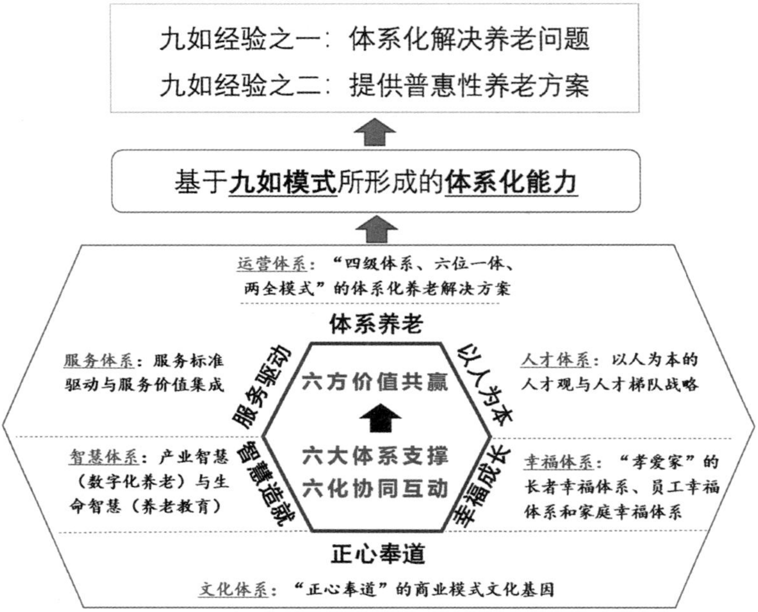
九如经验之一：体系化解决养老问题
九如经验之二：提供普惠性养老方案
基于九如模式所形成的体系化能力
运营体系："四级体系、六位一体、两全模式"的体系化养老解决方案
体系养老
服务体系：服务标准驱动与服务价值集成
服务驱动
六方价值共赢
以人为本
人才体系：以人为本的人才观与人才梯队战略
智慧体系：产业智慧（数字化养老）与生命智慧（养老教育）
智慧造就
六大体系支撑
六化协同互动
幸福成长
幸福体系："孝爱家"的长者幸福体系、员工幸福体系和家庭幸福体系
正心奉道
文化体系："正心奉道"的商业模式文化基因

图 9-1　九如经验概览

这一领域市场空间巨大（夹心阶层涉及的人群最广）、竞争相对缓和（传统意义上夹心阶层市场的吸引力偏弱）以及政府大力支持（提供公共服务的社会责任要求），也为九如城的持续健康发展赢得了独特机会。

二、推动知行合一

（一）系统思维：理念定位

九如城的养老实践经验需要进一步上升到理论高度。通过理论更好地引领与指导实践，同时在实践中进一步检验与升华理论，这才是真正的知行合一。九如城探索形成的"九如模式",涵盖"运营、人才、服务、智慧、幸福、文化"六大核心体系,成为中国体系化养老解决方案的重要实践成果。实际上,这六大体系的构建、协同与运行,均有其充分的理论依据,整体上形成了一个有机的系统,可以从系统思维的层面进一步考察其整体价值与相互关系,如图9-2所示。

图9-2 九如案例的知行合一

从整体价值来看,六大体系所构成的九如模式是确保九如城提供普惠性养老解决方案、体系化解决中国社会养老问题的核心能力源泉。同时,六大体系作为一个有机系统,也实现了各组成部分之间的相互支撑和良性互动。

从运营体系来看,九如城养老四级体系的运行体现了系统耦合的理论思想,四级体系作为具有特定功能的有机整体,体现了各子系统间良性互动之下,相互依赖、相互协调、相互促进的动态关联关系,是六大体系中最核心也是最具特色的部分。从人才体系来看,九如城以人为本的人才观和人才梯队战略帮助企业在行业人才极度匮乏的不利局面下构建了完整的人才发展体系,打造了一支极具战斗力和奉献精神的专业化团队,这不仅是新时代人本管理理论思想的充分展现,同时也是六大体系得以有效运转的能动性源泉。从服务体系来看,九如城对服务标准和服务价值的极致追求,充分体现了服务质量管理领域以消费者为中心构建服务质量差异化竞争优势的理论思想,这是六大体系运行能够实现客户价值并展现良好客户口碑的关键。从智慧体系来看,九如城对数字养老领域的前瞻性布局、养老平台生态系统的打造都与当前快速发展的数字理论前沿同步,为企业培育产业智慧能力与客户生命智慧赋能能力奠定了坚实基础,同时也预示了六大体系未来的发展方向。从幸福体系来看,九如城致力于建设以"孝爱家"为核心的长者幸福体系、员工幸福体系和家庭幸福体系,与幸福管理理论强调要充分发挥个体的智慧和优势以增进组织利益相关者幸福最大化的理念相辅相成,这也是六大体系运行所追求的终极目标之一。从文化体系来看,九如城传承中国传统优秀文化理念,以"正心奉道"为企业价值观内核打造企业文化体系,充分体现了东方管理中"以人为本""以德为先""人为为人""正心奉道""生生不息"的理论思想与文化特质,是确保六大体系持续健康发展的内在文化基因。

接下来,本书将基于管理学相关理论,从"制度层"与"行为层"两个维度对九如模式的六大体系进行理论阐释,同时也将提出九如模式六大体系进一步优化完善的理论建议。

(二)机制保障:制度搭台

1. 人本管理与人才体系

人本管理的理论渊源可以追溯到人本主义哲学、人本管理思想以及中国传统儒家文化中的以人为本思想。人本管理以谋求人的全面自由发展为终极目标,它强调通过以人为本的组织管理活动和以尽可能少的消耗获取尽可能多的产出的实践,来锻炼人的意志、脑力、智力和体力,通过竞争性的生产经营活动,完善人的意志和品格,提高人的智力,增强人的体力,使人获得超越受缚于生存需要的更为全面的自由发展①。人本管理不同于"见物不见人"或把人作为工具、手段的传统管理模式,而是在深刻认识人在社会经济活动中的作用的基础上,突出人在管理中的地位,实现以人为中心的管理,其核心内涵体现在将依靠人作为全新的管理理念,将开发人的潜能视为组织最主要的管理任务,将尊重人作为组织最高的经营宗旨,将塑造一支高素质队伍作为组织成功的基础,将人的全面发展视为管理的终极目标,将凝聚人的合力作为组织有效运营的重要保证②。

理论界围绕人本管理模式开展了深入的探讨,其中比较有影响力的模式综合考虑了人本管理在价值观、行为与制度等层面的管理诉求,为组织开展人本管理提供了较为全面的理论架构。该模式主要包括八个关键模块③。一是主客体目标的协调,即强调组织各层级人员通过有效沟通来共同制订未来的发展目标。二是激励,即管理者应当根据被管理者的不同特点来选择合适的管理方式,采取针对性的激励手段。三是权变领导,即强调管理者应当因地制宜权变性制定人本管理举措。四是培训,即在加强技能素养培训之外还应当重视价值观的培养。五是环境塑造,即通过一系列制度与规则的建立,努力营造鼓励员工创新、帮助员工实现梦想和价值的环境。六是文化整合,即承认员工的文化差异,通过培训与激励等举措培养员工的文化认同,通过制度约束与人文关怀引导员工行为与思想,努力实现文化整合的目标。七是生活质量法,即不应当仅仅考虑经济目标的达成,而是从经济、社会、文化、生活等综合的维度考察生活质量的改善,兼顾多方利益,努力营造

---

① 黄德良:《人本管理的价值内涵》,《社会科学》,2002年第1期,第67—70页。
② 朱晓丹:《论人本管理》,《学习与探索》,2004年第3期,第89—91页。
③ 芮明杰、杜锦根:《人本管理》,浙江人民出版社,1997。

共赢局面。八是完成社会角色,即鼓励员工认真考虑组织在社会中应当担当的角色,通过员工实现组织社会角色定位的转换,从而将组织的社会需求满足纳入价值观与管理过程中。

九如城将"以人为本"视为企业发展的核心追求,秉持"从心出发""心灵成长""人才六字诀"等人才观,构建了较为完善的人才梯队战略。从人本管理理论的目标要求来看,未来还可以着力从以下方面优化企业的人才发展机制。

首先,持续关注新生代员工及管理者的新需求,制定更具个性化与时代特征的人才培育与激励方案。"以人为本"中的"人"在不同的时代有不同的需求。不同于上一代群体忠诚、踏实、吃苦耐劳、传统观念强等典型特征,以"80后""90后"乃至"00后"为主体的新生代员工及管理者的发展需求将更趋复杂化与多元化。他们通常更加自信,反感说教,喜欢挑战权威,渴望获得认可,愿意尝试多样化生活,职业忠诚度偏低。因此,针对这些新生代群体,企业需要转变观念,与时俱进,不断优化人才培养与激励方案的针对性与时效性。

其次,从文化融合和利益相关者协同视角进一步优化企业人本管理举措。一方面,九如城在依托中国传统文化以人为本思想开展独具文化特色的人本管理方面成效斐然,未来还可以持续探索基于九如城文化特色的人本管理新举措,如"孝道文化"与人本管理、"正心"与人本管理等。另一方面,利益相关者协同视角下的以人为本,并不是仅仅局限于个人道德和企业层面,而是要综合考虑多方利益,兼顾企业、个人与社会等多方利益的满足和平衡。企业的人本管理可以从企业内部拓展到客户、行业乃至整个社会,九如城在此方面已经开启了有益的探索与尝试。通过以员工为本发展到以老人为本、以社会中的每一个人为本,这是真正在践行马克思主义的"人的全面发展观",追求以"人"为中心的全面可持续发展。

最后,进一步建立并完善极具九如城特色的企业人本管理体系。人本管理实际上包括了系统观、思想、方法、模式等诸多内容的一整套体系,尽管理论界在人本管理的基本思想、通用方法与一般模式等领域已经形成了不少研究成果,但不同行业和不同企业的差异很大,通用性人本管理虽然能够提供一般性指导,但很难针对不同行业和企业的差异性需求提供更具针对性的解决方案。因此,九如城可以结合养老行业和企业特点,探索建立更具个性化和适应性的九如人本管理体系,完善现有的人本管理体系内容,特别是可以尝试构建独具特色的九如人本管理模式,更好地推动企业人本管理的发展。

2. 幸福管理与幸福体系

幸福的感受不仅会影响我们每一个人的认知与行为,还是社会和谐与进步的基石。研究表明,幸福的员工在工作、生活中会更具创造性,工作更加努力,面临困难时能够更有效地应对,走上领导岗位后也更为成功[1]。幸福感高的国家,也往往会拥有更为自由、富有创造性和鼓舞人心的社会环境[2]。

幸福管理的理论思想最早源于哲学中的快乐论和实现论所对应的幸福感概念,前者认为幸福来源于快乐的实现和痛苦的规避,后者则认为幸福来源于个体潜能的发挥,由此划分出主观幸福感和心理幸福感两种典型类型[3]。基于快乐的主观幸福感通常指的

---

[1] Lyubomirsky S, King L, Diener E, "The benefits of frequent positive affect: does happiness lead to success?," *Psychological Bulletin*, 131 No. 6(2005): 803-855.

[2] Naudé W, Amorós J E, Cristi O, "Surfeiting, the appetite may sicken: entrepreneurship and happiness," *Small Business Economics*, 42 No. 3(2014): 523-540.

[3] Ryan R M, Deci E L, "On happiness and human potentials: a review of research on hedonic and eudaimonic well-being," *Annual Review of Psychology*, 2001, 52(1): 141-166.

是个体的情感体验与生活评价，包括了整体上的生活满意度、积极情感和消极情感；而基于实现论的心理幸福感一般指的是个体自我潜能的充分实现，包括了自我接受、个人成长、环境掌控、生活目标、良好关系及自主性六个方面[1]。

还有一些研究者从人性假设演化的角度认为，传统上最具影响力的经济人、社会人、自我实现人和复杂人四种假设，反映的是当时所处时代影响人们幸福感的主要因素及具体追求，但这些仅仅是手段而非目的，是实现幸福的手段与过程，只有幸福人假设才反映出人们工作与生活的根本目标和终极意义是追求幸福最大化，因此，管理的终极假设是"幸福人"[2]。

基于上述认识，理论界对幸福管理的概念及理论架构进行了较为全面的探讨。从管理学角度，幸福就是充分发挥和利用每个人的智慧和优势获得自身的发展，并不断地追求生存优越和快乐以满足自己不断提升的物质和精神需求，并认识到自己需要得到满足以及理想得到实现时的一种主观反映和心理体验[3]。而幸福管理就是充分发挥和利用每个人的智慧和优势来协调组织的资源以增进组织利益相关者幸福最大化的机制运行过程，幸福管理作为管理发展的新阶段，既是一种价值观，也是一种方法论，其实质是改变人们的生活，使人获得幸福与快乐，相应地，企业组织存在的使命就是最大化组织利益相关者的幸福[4]。

基于上述理论认识和相关幸福管理理论框架，九如城未来在

---

[1] 于晓宇、孟晓彤、蔡莉等：《创业与幸福感：研究综述与未来展望》，《外国经济与管理》2018年第8期，第31—45页。

[2] 卢苓霞、王彦勋：《幸福人假设及在管理领域的意义》，《经济管理》2007年第13期，第92—96页。

[3] 郑国娟：《幸福管理：心本管理的终极目标》，中国社会科学出版社，2010。

[4] 蒲德祥：《企业组织的幸福管理探析》，《云南财经大学学报》2009年第6期，第127—133页。

第九章 未来已来：知行本合一

建设与完善三大幸福体系的过程中还可以着力做好以下工作，推动企业幸福管理再上新台阶。①

第一是深入了解并动态掌握利益相关者的幸福需要，包括员工、老人、家属等多个层面，营造良好氛围来鼓励其追求幸福的合理行为，同时还需要协调好员工追求幸福的行为与组织目标之间的关系，通过适当的沟通、激励措施，将员工个人目标导入组织目标发展轨道当中，实现员工和企业的"双赢"。

第二是明确幸福感提升的主要路径。以员工为例，其追求幸福最大化的行为到工作幸福感提升这一过程，还受到环境因素与个人因素影响，培养工作幸福感的路径主要体现在：积极的工作环境、积极的个体人格和积极的个体情感体验。九如城可以根据不同层次和不同岗位员工的特点与需求差异，围绕上述路径推动员工幸福感的提升。

第三是进一步构建以幸福为核心的企业价值观。当个体的价值观与企业价值观一致时，员工就会把为企业工作看作是为自己的理想而奋斗，自然也更容易在工作中获得快乐和满足。九如城可以进一步构建以幸福为核心的企业价值观，将其纳入企业文化体系不断丰富其内涵，这样的价值观不仅会影响员工，也会感染老人、老人和员工的家属以及更广泛意义上的社会公众，发挥良好的示范作用。

第四是采取必要的幸福干预策略。常见的举措如下。推出多元化的激励方案，让幸福干预对象（员工、老人和家属）各取所需，充分体现企业的关怀和认同。改善心理契约，这主要是指幸福干预对象和企业双方对相互责任义务的主观约定，反映的是相互的价值承诺和价值兑现。九如城可以进一步加强与幸福干预对象的

————————
① 王书玲、郑国娟、张亚丽：《企业幸福管理作用机理研究》，《经济体制改革》2013年第5期，第119—123页。

沟通,重视期望管理,加强履责意识,及时兑现奖励,实现幸福干预对象与企业价值在更高水平上的和谐统一。创造心流体验,这主要是指个体完全沉浸在某种活动当中,无视其他事物存在的状态①。处于心流体验状态时,人们完全被所做的事吸引,心情非常愉悦并且感觉时间过得很快,参与过程本身成为一件快乐与幸福的事情。九如城可以通过活动方案设计、工作目标设定、激励机制优化等举措引导幸福干预对象获取独特的心流体验,提升其幸福感。开发心理资本,这主要是指个体的积极心理发展状态,是促进其成长的心理资源。九如城可以有效地引导幸福干预对象更好地运用其才能、优势和心理能力,激发其能动性与创造性,通过明晰希望愿景、增强自我效能、培育乐观品质、优化坚韧素质、提升情绪智力等获得更高水平的幸福感。

3. 东方管理与文化体系

以中国管理模式为代表的东方管理作为企业管理理论和实践的重要领域,正受到越来越多的关注与重视。东方管理是具有东方文化特点、社会特点的管理实践活动以及在此基础上提炼形成的管理思想、管理理论和方法体系②。东方管理学的精髓是"以人为本,以德为先,人为为人"③。它是对中国管理、西方管理以及华商管理等理论与实践融合、提炼、萃取的结果,是东方管理文化的本质特征,是贯穿东方管理学的主线,也是东方管理学派的宗旨④。首先,东方管理学的"以人为本"从浅表内涵来看是强调将人视为管理的首要因素,一切管理工作都围绕着如何调动人的积

---

① 契克森米哈赖:《幸福的真意》,中信出版社,2009。
② 苏勇、于保平:《东方管理研究:理论回顾与发展方向》,《管理学报》2009 年第 12 期,第 1578—1587 页。
③ 苏东水:《东方管理学》,复旦大学出版社,2005。
④ 彭贺、苏宗伟:《东方管理学的创建与发展:渊源,精髓与框架》,《管理学报》2006 年第 1 期,第 12—18 页。

第九章　未来已来：知行本合一

极性、主动性和创造性来展开，而其深层内涵则强调通过给人们提供充分施展才华的空间，不断地运用挑战来锻炼人的智力、体力乃至意志品质，并在此全面发展的基础上，努力实现摆脱自然束缚的自由发展，提高人的生命存在质量。其次，"以德为先"就是强调道德伦理在管理中的作用，作为一条基本原则，其不仅可运用于治国实践中，而且贯穿于治生、治家、治身实践，对于管理者而言，高水平的道德修养是必备条件之一。最后，"人为为人"是指每个人首先要注重自身的行为修养，正人必先正己，然后从"为人"的角度出发，来从事、控制和调整自身的行为，创造一种良好的人际关系和激励环境，使人们能够持久地处于激发状态下工作，主观能动性得到充分发挥。

东方管理学目前已经形成了"三学""三为""四治""五行"为核心的完整理论体系①。东方管理学探索的直接目标是在全面理解古今中外管理理论与实践的基础上，提炼出东方管理实践中普遍适用的管理原理和方法，并在实践中运用，提高管理效率和效益，其终极目标是有效地实现人与自然、人与社会、人与人关系的和谐统一，达到逐步提高人的生命存在质量的人生目标②。

九如模式的持续健康运行离不开其深厚的文化基因与价值观内核驱动。而九如城以"正心奉道"为主体的文化体系则深受东方管理理论思想的影响。谈义良坦陈，从企业家自身的心灵品质建设和道德修养锤炼，到员工管理、企业经营理念确定，再到客户服务及企业社会责任承担，几乎每个方面都有东方管理思想的深刻烙印。例如，强调"以人为本"的人文关怀和利他精神；企业家开拓

---

① "三学"指中国管理、西方管理、华商管理；"三为"即"以人为本、以德为先、人为为人"；"四治"指治国、治生、治家和治身；"五行"即为"人道、人心、人缘、人谋、人才"。参见苏东水：《东方管理学》，复旦大学出版社，2005。

② 彭贺、苏东水：《论东方管理的研究边界》，《学术月刊》2007年第2期，第74—79页。

养老事业的家国情怀与家国责任;强调品德为先、初心要正的人才心灵成长标准等。可以说,九如模式的文化体系,是东方管理理论思想充分彰显与成功践行的典型案例。未来,在东方管理思想的持续指引下,九如城的文化体系建设可以从以下方面持续优化。

首先,结合养老行业特点持续推进企业文化体系建设,将其与员工日常工作生活更紧密地融合在一起。企业文化不只是静态的规范、准则和标语口号,更重要的是体现在普通员工日常工作生活中的动态的精神状态[①],要让企业文化如水流一样生生不息,润物细无声,带动企业经营的永续前行。同时,还要持续从东方管理思想精髓中提取文化养料,结合养老行业特点,将其转化为更具行业和企业针对性的文化传播素材,进一步增强企业文化的影响力。反过来,对九如城文化建设实践案例的追踪研究,也有助于东方管理研究产生新的理论洞见和呈现新的实践证据。

其次,积极推动养老行业的文化赋能。将"正心奉道"的企业文化体系更好地进行传播与推广,使之不仅仅成为九如城的文化基因和价值观内核,而且努力将其打造成为整个养老行业指引性的文化价值观,进一步促进养老行业乃至全社会道德水准与职业素养的全面提升。

最后,要进一步明确九如模式中企业文化体系与其他体系模块之间的关系,探索文化体系与其他体系深度融合的战略及措施,推动文化体系深度嵌入与融合发展。例如,企业文化体系如何促进养老四级运营体系的良性耦合与文化链接;文化体系如何深度嵌入到服务标准、服务流程、服务价值的各个环节,使得九如城的服务能够更好地彰显其触动人心与感动心灵的持久文化魅力;在人才价值观、人才选聘、人才考评、人才激励、人才成长的各个环节

---

① 陆亚东、符正平:《"水"隐喻在中国特色管理理论中的运用》,《外国经济与管理》2016年第1期,第3—14页。

如何更好地体现文化体系的作用；如何将文化体系更好地纳入老人生命智慧教育的各个环节，如何更好地运用新兴的数字化技术与手段改进文化传播效果和凸显文化价值。这些都有待企业在后续文化建设与经营管理中进行进一步的思考。总之，企业需要将文化体系深度嵌入与融合到企业经营管理的每一个环节，融入每一个管理者和员工的日常工作生活之中。同时，企业还应当寻求通过具体的文化实践（如文化故事、文化举措、文化行为等）持续总结和提炼体现九如城特色的文化新风尚，将文化传承与创新有机结合，推动企业文化建设再上新台阶。

（三）执行方略：行为落地

1. 系统耦合与运营体系

我国著名科学家钱学森先生将系统定义为相互作用和相互依赖的若干组成部分结合而成具有特定功能的有机整体[1]。耦合的概念源于物理学，在社会科学领域一般指的是两个或多个系统（包括子系统）之间彼此协调发展，相互影响和相互作用以致最终联合的状态[2]。系统耦合关系一般具有如下特征。两个或两个以上具有一定的独立性的体系并存；并存的体系彼此之间相互作用、相互交流，表现出动态的相对平衡状态；当系统之间和系统各要素之间配合良好、互惠互利之时，表现为良性的耦合，如果相互摩擦、彼此制约，产生负面影响则为恶性耦合[3]。

从上述耦合理论思想来看，九如城的运营体系体现了系统良

---

[1] 陈伟、于丽艳：《企业国际化经营知识产权战略系统耦合研究》，《科学学与科学技术管理》2007年第12期，第93—96页。
[2] 张勇、蒲勇健、陈立泰：《城镇化与服务业集聚——基于系统耦合互动的观点》，《中国工业经济》2013年第6期，第57—69页。
[3] 高楠、马耀峰、李天顺等：《基于耦合模型的旅游产业与城市化协调发展研究——以西安市为例》，《旅游学刊》2013年第28卷第1期，第62—68页。

性耦合的典型特征。"养老综合体—养老机构—社区照料中心—居家服务"这一四级体系既是一个完整的系统性有机整体,也是包含若干子系统的耦合共同体。养老综合体作为区域资源中心和综合支持平台,能够汇总区域资源需求,提供"医、康、养、教、研、旅"六位一体的康养综合服务支持。养老综合体同时也是整个四级体系的示范性名片与品牌,对于整个四级体系的跨区域模式复制具有较强的示范和引领作用。而作为城市养老院的二级养老机构则是养老的核心发展载体,依托养老机构可以更好地拓展和带动社区和居家养老服务。社区照料中心和居家上门服务很好地实现了区域养老服务的广泛覆盖,有助于与地方政府建立良好关系,满足区域最广大群体的养老服务需求,同时也有助于与社区老人群体及其家庭建立良好关系,为四级体系中的其他子系统模块汇聚潜在客户资源。总体来看,目前九如城的养老四级体系运转顺利,耦合良好。从系统耦合理论来看,九如城可以进一步围绕系统耦合的七维度模型对养老四级运营体系进行持续优化①。

一是耦合要素,主要是养老四级运营体系中任何会产生彼此相互联系的内容以及影响联系的要素。未来研究可以基于价值链分析方法,从价值创造、价值输出、价值传递等层面构建九如城养老服务价值链模型,深度解析养老四级体系的价值链运行机理,进一步探索和识别重要的耦合要素,如数据、信息与知识;人财物等有形资源;品牌与关系等无形资源等。耦合要素的准确识别是进一步探究这些要素影响耦合关系和耦合运行机制的重要基础。

二是耦合形态,主要是寻求深度刻画九如城四级运营体系的具体运行形态。例如,目前的体系运行大多以自上而下的垂直形态为主,侧重体系的标准化与模式复制,尽管具有简单易推广且成

---

① 芮明杰、左斌:《松散耦合系统与高新区"再创业"发展模式——以我国生物医药产业园为例》,《中国工业经济》2008年第2期,第131—140页。

本可控的优势，但有可能会制约各部分因地制宜的创新与探索，难以有效适应不同区域发展的具体要求。未来从耦合形态适应性与多元化发展需求出发，可以进一步加强区域内部及区域间体系的互动交流，探索双向互动、环状互动、网状互动的多种耦合形态，提升运营体系的灵活性与适应性。例如，由以往垂直单向形态逐步发展成为双向多路循环式耦合形态，打通横向联系，形成交流网络，推动耦合体系的自组织功能发挥，形成多层网络状耦合形态。

三是耦合纽带，主要是九如城四级运营体系有效耦合的界面和关键联络工具。例如，促进四级体系良性耦合互动的信息平台与信息工具建设。九如城可以持续加强企业智慧云平台建设，推动数字化转型与数字化赋能，彻底打通四级体系信息化与数字化沟通渠道，推动数据、信息与知识在体系内外便捷高效流转。此外，四级体系各个子系统共同的目标物和互动基础也是促进耦合的重要纽带，如资金、信息、数据、信任等，企业应当全面了解四级体系各组成部分的关切点，建立共同目标对象合理分配或有效流转的规则机制，夯实耦合互动的共同基础。

四是耦合强度，主要是九如城区域四级体系内部及不同区域四级体系之间耦合的强弱度。一般来说，强耦合有利于建立信任，有助于信息沟通、资源获取和隐性知识共享，但往往成本高昂且容易造成信息重叠和浪费，弱耦合则有助于传递新鲜和异质性信息与知识。因此，耦合的强弱没有绝对优劣之分，关键是匹配性与适应性。未来九如城的四级运营体系还需要进一步考虑体系内外耦合的强度与区域性运营需求匹配的问题。

五是耦合动力，主要是九如城四级体系协调互动、有效耦合的驱动力。一种分类方式是将耦合动力分为自响应和人为响应两类，如果体系运行之前有明确而清晰的关系规则，将会更容易产生自响应，反之则会由于新情况和新问题的不断涌现需要更多人为响应的干预。另一种分类方式是将耦合动力分为成本驱动和创新驱动。因此,九如城的四级运营体系需要根据不同区域运行的具体情况,规划设计好合适的耦合动力机制,推动自响应与人为响应、成本驱动与创新驱动的有机平衡,更好地发挥良性耦合驱动力的积极作用。

六是耦合政策或耦合规则,主要是推动九如城四级运营体系有效耦合的运行政策或运行规则。一般来说,系统耦合难以持久的自动发生,需要相关政策和规则进行推动,常见的包括:增强的领导力——即通过加强领导、参与决策和积极设计合适机制来引导耦合系统不同模块之间的组织行为;集中注意力——即通过确定战略和目标,控制资源和行动集中发展;共同价值观——即运用文化、信仰、共同愿景与价值观等来协调组织的努力。因此,九如城的四级运营体系需要精心设计好耦合政策或耦合规则,如领导管控规则、战略聚焦发展规则以及共同价值观规则。

七是耦合能力,主要是推动九如城四级体系协同发展与良性耦合的能力。这实际上是一种动态能力[1],主要包括:对体系良性耦合机会的识别与把握能力、做出高质量决策以有效把握耦合机会的能力、围绕耦合协同不断进行学习和创新适应的能力以及围绕良性耦合发展目标持续整合重构体系资源的能力(这既包括了体系内部的资源整合重构能力,也包括了体系外部乃至行业内外资源的整合重构能力)。

2. 服务质量与服务体系

服务以满足消费者需要为目的,是以人的活动为基础为消费者提供满足的过程,其具有无形性、易变性、难以储存和不可分割

---

[1] Teece D J, "Explicating dynamic capabilities: the nature and microfoundations of (sustainable) enterprise performance," *Strategic Management Journal* 28 No. 13 (2010): 1319—1350.

等特性,因而服务的管理具有不同于有形产品的明显差异①。越来越多的研究表明,要想留住顾客,服务质量是源头,是企业赢得差异化竞争优势的关键②。国务院办公厅发布的《关于全面放开养老服务市场提升养老服务质量的若干意见》也明确指出,尽管近年来我国养老服务业快速发展,产业规模不断扩大,服务体系逐步完善,但仍面临供给结构不尽合理、市场潜力未充分释放、服务质量有待提高等问题③。因此,全面提升我国养老服务业的服务质量具有重要意义。

根据服务质量管理理论,服务质量通常被认为是一个顾客感知的主观概念范畴,它取决于顾客对服务质量的期望(即期望服务质量)同其实际感知的服务水平(即体验的服务质量)的对比④。基于这一理念发展的服务质量差距模型强调企业提供的服务、消费者感受到的服务和消费者对服务的期望三者之间存在着不完全一致性,消费者在实际消费行为及评价中存在双重标准:一种是理想标准,达到此标准能使消费者带来满意;另一种是可接受标准,一旦低于此标准,会引起消费者极大不满,两种标准间的区间,称作可接受区间⑤。相关学者通过对典型服务业的考察和研究,试图探查服务质量要素的共性,结果发现,服务质量主要由以下五个要素构成:一是有形因素,指服务产品的"有形部分",如各种设

---

① 徐金灿、马谋超、陈毅文:《服务质量的研究综述》,《心理科学进展》2002年第2期,第233—239页。

② 范秀成:《服务质量管理:交互过程与交互质量》,《南开管理评论》1999年第1期,第8—12页。

③ 参见《国务院办公厅关于全面放开养老服务市场提升养老服务质量的若干意见》(国办发〔2016〕91号)。

④ Gronroos C, "A service quality model and its marketing implications," *European Journal of Marketing* 18 No. 4(1984): 36—44.

⑤ Parasuraman A, Zeithaml V A, Berry L L, "A conceptual model of service quality and its implication for future research," *Journal of Marketing* 49(1985): 41—50.

施、设备及服务人员的外表等;二是可靠因素,指企业准确无误地完成所承诺的服务;三是反应因素,指企业随时准备愿意为顾客提供快捷、有效的服务;四是保证因素,指服务人员友好的态度与胜任能力,它能增强顾客对企业的服务质量的信心和安全感;五是移情因素,指企业要真诚地关心顾客,了解他们的实际需要,使整个服务过程富有"人情味"[1]。基于上述研究成果进一步发展而成的Servqual量表,已经成为服务行业测量服务质量的主要评价工具。

从养老行业的研究来看,一些研究者对服务质量模型的五个维度进行合理的调整,形成社区居家养老服务质量的可靠性、保证性、响应性、可感知性和移情性五个评价维度,围绕这一新的五维度评价模型对上海市社区居家养老服务质量的衡量结果表明,目前养老服务质量按从高到低排序依次为助洁服务、助餐服务、助医服务和康乐服务[2]。

服务质量管理中还有一个重要领域是服务标准化,服务标准是服务业发展的重要制度规范和技术支撑。按照国际标准化组织(ISO)与国际电工委员会(IEC)联合制定的《质量管理和质量体系要素》规定,服务标准是为了在服务领域内获得最佳秩序,经协商一致制定并由公认机构批准,共同使用和重复使用的一种规范性文件[3]。服务标准化具有重要的价值和意义:对企业来说有助于优化内部流程、提高效率和扩大服务市场;对市场来说有助于增强市场信心和降低交易成本。对整个社会服务业的持续健康发展也

---

[1] Parasuraman A, Zeithaml V A, Berry L L, "SERVQUAL: A multiple-Item scale for measuring consumer perceptions of service quality," *Journal of Retailing* 64 No.1(1988): 12—40.

[2] 章晓懿、刘帮成:《社区居家养老服务质量模型研究——以上海市为例》,《中国人口科学》2011年第3期,第83—92页。

[3] 张端阳:《国外服务标准化研究综述》,《东北大学学报:社会科学版》2012年第14卷第4期,第311—317页。

具有十分积极的作用。

实际上,九如城服务至上的经营理念,对服务质量、服务标准和服务价值的极致追求,较好地体现了服务质量管理的目标要求。未来,可以按照服务质量管理理论的指引,从以下方面进一步优化提升企业的服务质量管理水平。

首先,制定并持续完善"九如城服务质量管理模型"。尽管理论界已经开发了一些通用性服务质量管理模型,如服务差距模型等,但这些模型大多源于银行、电信等其他服务行业,虽然具有一定的通用性,但针对性不足,对特定行业和企业的指导价值有限。九如城可以针对养老服务业和企业自身的特点,构建并持续完善九如城自己的服务质量管理模型,围绕服务质量的"理想标准""可接受标准""五要素"(有形、可靠、反应、保证、移情)等核心要素细化具体内容,为企业服务质量管理水平提升提供更好的指引。

其次,健全并积极推广九如城服务质量管理与服务标准化体系,更好地赋能行业,全面提升服务水平。九如城不仅要进一步建立健全企业自己的服务质量管理与服务标准化体系,还应当充分发挥养老行业头部企业的引领带动作用,以企业服务体系及标准规范为基础,加快推动我国养老行业服务质量管理与服务标准化体系建设。例如,积极参与并推动国家和地方相关养老服务标准、行业政策的修订工作,使之更好地符合当前我国养老服务市场化、产业化、规范化发展需要。九如城通过赋能养老行业发展,不仅可以提升企业在行业服务标准与服务政策制定中的话语权,还可以充分彰显企业的社会责任与品牌价值。

最后,要警惕服务标准化的负面陷阱。一些研究者围绕服务质量的研究发现,服务企业产生服务失误,其根源往往与服务标准的设定不当有关①；或者是服务标准缺乏，导致员工对服务质量和成本不够重视；或者服务标准过多，员工感到迷惑，难以确定工作的优先顺序；或者服务标准太笼统，难以衡量，因而用处不大；或者纯属摆设，制定的标准实际上无人能够真正理解；或者服务标准没有配套跟进，如没有与绩效评价、表彰和奖励制度等相联系，因此也没能发挥作用②。九如城需要进一步核查现有的服务标准是否有所缺失、标准制订是否科学合理、标准是否被员工充分理解并有效执行、现有的服务标准是否缺乏配套的措施进行有效落实，如绩效考核、激励机制等。此外，如何平衡服务标准化与服务个性化之间的关系，也是企业在打造服务标准，提升服务质量的过程中需要认真考虑的关键问题。

3. 数字管理与智慧体系

当今社会已经全面进入数字经济时代，以移动互联网、人工智能、大数据、云计算等为代表的新兴信息技术的兴起对整个社会的发展带来了深远影响。党的十九大报告指出，要加快建设制造强国、网络强国、数字中国，推动互联网、大数据、人工智能与实体经济的深度融合，要抢抓新一轮工业革命机遇，围绕核心标准、技术、平台加速布局产业互联网，构建数字驱动的产业新生态③。因此，养老行业也迎来了数字化转型发展的新机遇与新挑战。

数字管理理论实际上是一系列新兴理论的总称，主要包括数字化转型、数字化创新、数字化创业以及数字平台管理等理论。数字化转型是以数字化技术、数字化产品和数字化平台的基础设施

---

① Berry L L, Zeithaml V A, Parasuraman A, "Five imperatives for improving service quality," *Sloan Management Review* 31 No. 4(1990)：29—38.
② 张端阳：《国外服务标准化研究综述》，《东北大学学报：社会科学版》2012年第14卷第4期，第311—317页。
③ 参见习近平：《决胜全面建成小康社会，夺取新时代中国特色社会主义伟大胜利——在中国共产党第十九次全国代表大会上的报告》。

为支撑起点,进而引发个人、组织、产业等多个层面变革的过程,这一过程会带来一系列积极与消极影响①。数字化创新主要关注不同主体通过对数字化资源进行重组的活动,以产生新的产品、服务、流程和商业模式的过程,当前越来越多的创新实践均表明,利用数字化基础设施与外部开发者、用户等形成创新生态系统,通过整合及利用数据资源形成独特价值路径进而实现企业与利益相关者共同创造价值,已经成为增强企业持续竞争优势的必然选择②。数字创业是数字创业者和数字创业团队为适应数字经济变革,通过识别和开发数字创业机会,以领先进入或跟随进入的方式进入数字市场,创造数字产品和数字服务的创业活动,数字创业具有极强的颠覆性,能够推动社会迁移,从根本上改变经济增长方式和产业布局,改变人们的生产和生活方式,成为当前数字经济发展的主旋律以及数字经济增长的核心引擎③。由于养老行业具有较强的公益属性,而与之相关的数字社会创业研究,则聚焦那些以解决复杂社会问题为使命,将数字技术与社会创业相融合,推动社会创业机会、资源、治理和价值测量的数字化,从而更有效实现混合价值的新型创业活动,其具有社会问题对接智能化、社会问题响应实时化、社会价值可视化以及社会创业增长指数化等核心特征④。数字化平台则重点关注一系列开发互补性产品、技术或服务的公司组成,使外部生产者与消费者进行价值创造交互的数字资源组合

---

① 曾德麟、蔡家玮、欧阳桃花:《数字化转型研究:整合框架与未来展望》,《外国经济与管理》2021 年第 5 期,第 63—76 页。

② 谢卫红、林培望、李忠顺、郭海珍:《数字化创新:内涵特征、价值创造与展望》,《外国经济与管理》2020 年第 9 期,第 20—32 页。

③ 朱秀梅、刘月、陈海涛:《数字创业:要素及内核生成机制研究》,《外国经济与管理》2020 年第 4 期,第 20—36 页。

④ 刘志阳、赵陈芳、李斌:《数字社会创业:理论框架与研究展望》,《外国经济与管理》2020 年第 4 期,第 3—18 页。

体[①],基于数字平台管理理论,企业需要与其他组织机构进行合作来促进数字创新,通过技术来收集和报告其所需要的数据,并为运营问题提供解决方案,从而更好地满足利益相关者需要。

  这些数字管理理论的快速兴起,为养老行业的数字化转型、数字化创新、数字化创业与数字平台建设提供了必要的理论指引。实际上,利用互联网和数字化手段破解传统养老行业的结构性错位难题,积极推进智慧养老近年来也受到越来越多的关注与重视。智慧养老是由英国生命信托基金会提出的概念,也称为全智能化老年系统,是指借助互联网技术突破空间的局限性及时间的滞后性,供应方根据产业的特性及需求的动态分析,使各类资源在养老行业链各个环节得到精准的配置,实现产出的最大化,其可以帮助优化资源配置,精准对接养老供需,实现数据流驱动的服务流与资金流的协调统一,是解决中国老龄化问题和老龄社会健康发展的一个有效方案[②]。未来,数字技术对养老服务业发展的推动作用,主要在于利用技术手段实现"线上"和"线下"的有机结合,通过打通供需之间的信息渠道、缩小交易时间和交易成本、优化资源配置等手段,有效破解传统养老服务模式所面临的结构性矛盾。首先,智慧养老服务新模式可以在供给和需求之间搭建信息桥梁,使养老服务供求匹配更加精准。其次,在智慧养老模式下,可以大大缩短供给和需求之间交易所需的时间和成本,提高服务效率,为老年人提供价廉质优的服务。最后,可以明确政府责任边界,借助大数据平台,有效调动社会资源,优化资源配置方式[③]。

---

  ① Constantinides P, Henfridsson O, Parker G G, "Platforms and infrastructures in the digital age," *Information Systems Research* 29 No. 2(2018): 381—400.
  ② 廖喜生、李扬萩、李彦章:《基于产业链整合理论的智慧养老行业优化路径研究》,《中国软科学》2019 年第 4 期,第 50—56 页。
  ③ 耿永志、王晓波:《"互联网+"养老服务模式:机遇、困境与出路》,《深圳大学学报(人文社会科学版)》2017 年第 4 期,第 109—114 页。

第九章　未来已来：知行本合一

从九如城的实践探索来看，智慧养老理念与行为贯穿到企业养老运营的各个环节，不仅积极推动养老行业的智慧化改造与赋能，即关注医疗卫生设备的数字化改造，借助物联网技术，通过各类传感器收集老年人日常的健康指标并实现互联网技术的实时共享，使老人的日常生活处于远程监控状态。更难能可贵的是，还能够超越目前智慧养老单纯以身体健康为基础的发展思路，一定程度上回归了国际主流研究中强调双线融合发展的思路，即将健康为基础的智慧康养与以社会参与、日常生活和情感慰藉为基础的思路相融合[①]。九如城重视养老行业智慧，积极推动实现养老行业的数字化、智慧化洞察及赋能，也重视生命智慧，强调运用先进的数字技术推动养老教育，帮助老人获得更多的生命智慧，实现身体健康与心灵慰藉的双重满足，达成生命的圆满。未来，结合数字管理理论及智慧养老研究的发展，九如城的智慧养老体系还可以围绕以下方面进行持续优化。

首先，要密切监控智慧养老体系建设及实践发展中的潜在风险。例如，智慧养老服务可能存在投资回报周期长、异化投资风险[②]、银发人群的数字鸿沟与数字壁垒问题、互联网及数字技术与养老行业有效融合的问题、政府鼓励性政策落地困难等问题。这是导致目前全国很多地方智慧养老叫好不叫座、普及推广困难、企业供给热情衰退、供给服务不足和"有平台无服务"等现象的重要原因。九如城在推动企业智慧养老体系发展过程中要密切关注潜在风险因素，做好应对准备。

其次，产业智慧与生命智慧的融合与协同问题。生命智慧实

[①] 杨菊华：《智慧康养：概念、挑战与对策》，《社会科学辑刊》2019年第5期，第102—111页。

[②] 主要指利用智慧养老名义获得政策支持，实际上开展其他领域投资的现象。参见耿永志、王晓波："互联网+"养老服务模式：机遇、困境与出路》，《深圳大学学报（人文社会科学版）》2017年第4期，第109—114页。

际上是产业智慧的持续深入与更高层级的体现。企业可以进一步思考如何通过数字化技术、数字化创新、数字化转型与数字化创业孵化新的养老教育项目与产品,整合与打通智慧养老行业链与价值链,打造智慧养老平台生态系统,推动企业从产品平台到企业平台再到平台生态系统的优化升级。利用平台管理方法、数字技术精准洞察客户与伙伴需求,提供一整套智慧化养老乃至基于数字化的家庭幸福生活解决方案。数字技术驱动的产业智慧完全可以更好地赋能生命智慧,助力开发出更加精准、更具个性化的老人生命智慧培育方案。

最后,积极赋能整个养老行业的智慧化、数字化发展。例如,推进行业智慧养老体系建设,包括人才体系、标准体系、产品体系与制度建设等。目前,我国智慧养老在行业发展中还处于初始阶段,依然面临诸多困境。比如,因制度缺失、银色数字鸿沟、信息数据缺乏主动挖掘和人才短缺等方面的限制,智慧养老的发展还存在智能化和信息化程度较低、集约化商业模式不成熟、产品单一且不够人性化、过于重视日常照料而忽视精神需求等问题。智慧养老在老年人隐私保护方面也存在诸多不足。在服务运营过程中,因服务信息平台的内容、标准、运作方式的不兼容,导致信息资源无法共享,服务资源无法真正有效利用的问题也十分突出①。因此,九如城除了进一步加强企业智慧化养老体系建设之外,如何更好地赋能我国养老行业,促进其智慧化发展,还有很多艰巨的工作需要推进。

---

① 杨菊华:《智慧康养:概念、挑战与对策》,《社会科学辑刊》2019 年第 5 期,第 102—111 页。

第九章　未来已来：知行本合一

三、探求普适方案

对九如案例的系统性研究是有效赋能养老行业并进一步探索中国社会养老问题普适性解决方案的基础。

目前来看，构建普适性养老解决方案需要着力处理好三大关系。

一是"空间关系"，即养老服务供给与需求往往存在地理空间上的错配，养老服务有效供给不平衡、不稳定的问题十分突出。一方面，经济发达地区的家庭对养老服务的支付能力较强，社会保障水平较高，相应地能够吸引更多的养老服务企业投身其中，其养老服务供给普遍更为充分，反观经济欠发达地区则情况完全相反。如果不采取有效措施，今后随着"马太效应"①的显现，这种空间错位的现象及造成的后果会更加明显。另一方面，即使不考虑经济发达与否，不同地区的养老服务供给由于涉及不同的服务主体，如果没有统一的行业规范性要求则各自提供的服务差异一般会很大，老人及其家庭一旦进行地理空间的迁移，往往很难持续享受稳定可靠且高品质的养老服务。图9-3是中国社会养老问题的普适化解决方案。

二是"时间关系"。养老是一个时间跨度漫长且存在较大不确定性的过程，由于家庭"421结构"所导致的家庭养老功能弱化，高龄老人需要护理服务时往往很难指望家属能够提供可靠支持，而完全依靠市场化的护理服务，对于很多家庭来说经济上难以承受。时间银行作为一种新型互助服务模式，是解决上述问题的一种新

---

① 马太效应指一种强者愈强、弱者愈弱的现象，广泛应用于社会心理学、教育、金融以及科学领域。

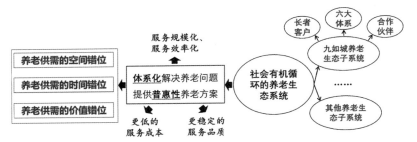

图 9-3 中国社会养老问题的普适化方案探索

颖方案,这意味着志愿者将参与公益养老服务的时间存进时间银行,当自己或家属需要帮助时可以从中支取"被服务时间"。然而,时间银行模式虽然受到普遍关注,但在实践中也存在诸多问题。特别是养老服务企业作为"被服务时间"支取的主体,如果缺乏足够的体量规模、体系化运作和跨区域经营的能力,时间银行运转的有效性和持续性将难以得到充分保障。

三是"价值关系"。如前所述,处于高端养老服务市场与"托底性"保障人群之间的广大夹心阶层家庭,通常需要的是能够负担得起的普惠性养老服务。如果相关养老服务企业无法通过体系化与规模化降本增效,就难以为这一最为广大的受众群体提供与之相匹配的价值满足。个体、家庭、企业、行业及社会在夹心阶层的价值追求错位,也是造成当前我国养老发展困局的重要原因。

为此,从探索普适性解决方案以推动我国养老服务业高质量发展角度,可以着力做好以下工作。

第一,高度重视夹心阶层的普惠性养老需求。这其中主要涉及三个方面的工作。一是政府和企业应当准确把握普惠性养老需求的规模、趋势、特点,做好测算与研判,为精准设计和开发普惠性养老服务产品提供科学依据。二是政府应当努力为普惠性养老服务提供必要的政策支持,对于具有公益属性的普惠性产品,政府在财政与税收支持、用地支持、公共平台搭建、公共运行机制设计与实施等方面均有较大的政策支持空间。以时间银行为例,政府在明确时间银行规范、制定时间银行换算标准、推动政府购买服务、搭建信息化平台、积极向公众推广、组织相关公益性培训等方面都可以发挥积极作用。三是养老服务企业要大力开展商业模式创新,平衡好公益与商业的关系,借鉴九如经验,开发与提供更多的普惠性养老服务产品。

第二,大力推广体系化养老模式。九如经验中的体系化养老解决方案,其核心在于"养老综合体—养老机构—社区服务中心—居家养老服务"四级体系的打通、联动、一体与跨区域复制,同时辅之以"医、康、养、教、研、旅"六位功能协同,其创造的规模化、效率化与品质化的优势,可以通过降本增效,有效破解养老服务供需中的空间错位、时间错位与价值错位问题。具体来说,跨区域体系化养老模式可以有效平衡不同地区养老服务收支差异,规模化成本优势使得经济相对欠发达地区也有可能享受到高品质普惠性养老服务。同时,这一模式的规模化与体系化优势也使得时间银行等新颖互助模式具有了更好的通存通兑条件。此外,这一模式也更有条件提供更多更好的普惠性养老服务产品,为广大夹心阶层家庭创造出与其需求相匹配的高水平价值满足。

第三,构建社会整体有机循环的养老生态系统。九如经验中所强调的体系化养老模式,实际上是构建了一个以企业为中心的养老生态系统,在这一系统中,九如城及其养老四级服务体系、老人及其家庭、养老服务上下游合作伙伴、地方政府主管单位之间形成了良好的合作共赢局面。未来,从全面解决中国社会养老问题的高度,这一以企业为中心的养老生态系统需要进一步延伸推广到整个养老行业。多个良性循环、有机成长的养老生态子系统,将会共同构成社会整体有机循环的养老生态大系统,进而推动中国社会养老问题的全面彻底解决。这就需要政府与相关龙头企业携手合作、共同赋能，着力推动三方面工作。一是政府做好顶层制度设计，实际上，从实施积极应对人口老龄化国家战略开始，相关工作正在紧锣密鼓地有序展开，未来促进养老服务业发展的政策利好将会不断兑现。二是以九如城为代表的养老行业龙头企业应当发挥更大的作用，近期，九如城从养老行业高端智库建设、行业标准制订、政策举措优化等方面正在开展有益的工作。三是养老生态系统的所有利益相关者携起手来，通过全社会的共同努力，为养老生态系统的构建及健康运转做出自身应有的贡献。例如，养老平台企业可以充分发挥自身在养老服务平台搭建与运营方面的优势；金融企业可以通过适老化金融产品为养老服务提供有力支持。

可以预见，通过以九如城为代表的一大批养老事业的开拓者与践行者的不懈努力，中国社会养老问题终将得到圆满解决，老人拥有了幸福的晚年，年轻人一定会有可期的未来，每一个家庭都将拥有更加和谐美好的幸福生活。